AF231316

L'AMIE INCONNUE DE JEAN MOULIN

Jeanne Boullen

DU MÊME AUTEUR

Bibliographie

PRÉSUMÉ JEAN MOULIN. JUIN 1940-JUIN 1943. *Esquisse d'une nouvelle histoire de la Résistance*, Grasset, 2007. Le Livre de Poche, Pluriel, 2009.

LES SECRETS DE L'AFFAIRE JEAN MOULIN. *Contexte, causes, circonstances*, Seuil, 1998.

LA RÉVOLUTION GORBATCHÉVIENNE, Gallimard, 1989.

LE CHEVAL BLÊME (roman), Denoël, 1988.

LE ROMAN DE TATIANA (récit), Denoël, 1988.

LES SOCIALISTES-RÉVOLUTIONNAIRES RUSSES. 1881-1917, Robert Laffont, 1979.

MAI RETROUVÉ. *Contribution à une histoire de Mai 68*, Robert Laffont, 1978.

RAVACHOL ET SES COMPAGNONS. Illustrations de Flavio Costantini. Le Chêne, 1976.

LA TERREUR SOUS LÉNINE. En collaboration avec Alexandre Skirda. Sagittaire/Grasset, 1975.

« Historique cloaque », postface à la réédition de *Sans patrie ni frontières*, de Jan Valtin, éd. J.-C. Lattès et Club français du livre, 1975.

SUR 1905, Champ Libre, 1974.

LA « BANDE À BAADER », Champ Libre, 1972.

KAMO, L'HOMME DE MAIN DE LÉNINE, Fayard, 1972.

JACQUES BAYNAC

L'AMIE INCONNUE
DE JEAN MOULIN

Jeanne Boullen

BERNARD GRASSET
PARIS

« L'état de création est un état d'obsession. Tant qu'on n'a pas commencé
– « obsession », tant qu'on n'a pas fini –
« possession ». Quelqu'un, quelque chose,
s'introduit en toi, ta main est un exé-
cutant, non de toi, mais de ce quelque
chose. Qui est-ce ? *Ce* qui, à travers toi,
veut exister. »

Marina Tsvetaïeva
L'Art à la lumière de la conscience

Préface

L'histoire du cahier bleu

Dire aux enfants que la curiosité est un vilain défaut est stupide. Quand elle est insatiable et seulement bornée par la droiture, la curiosité est l'être même du chercheur scientifique en général et de l'historien en particulier. Pourquoi consacrer des années, voire des décennies, à remuer ciel et terre pour tenter de connaître et comprendre une époque ancienne, un événement passé, une vie inconnue, si ce n'est par l'effet d'une curiosité qui peut aller jusqu'à frôler la monomanie ? Et qu'est-ce, sinon elle, qui fait se lancer sans répit sur de nouvelles pistes pour dénicher le détail, traquer la date, trouver l'heure, et même la minute ayant compté dans une existence qui n'est pas la sienne ? Sans cette curiosité personne ne serait conduit à devenir un archivore plus amateur de liasses de vieux papiers que de millefeuilles du pâtissier, à se faire le dévot de reliques jaunies, friables et poussiéreuses en y mettant presque la même inquiétante ferveur que d'autres adorateurs d'Ecritures, à s'abîmer jour après jour, non sans volupté, dans des temps différents pour y errer parmi les fantômes, à consacrer le plus clair de ses journées à déchiffrer d'illisibles manuscrits sous les éternels abat-jour verts des salles de lecture ? Inutile de chercher la réponse à ces questions : l'Histoire est par nature une curiosité toujours à satisfaire par qui ne le sera jamais.

Mais les milliards de milliards de dossiers conservés dans les archives du monde entier s'avèrent parfois incapables de combler le chercheur. Impossible, par exemple, de trouver aux National Archives and Record Administration, à Washington, un dossier Jean Moulin dont l'existence est pourtant évidente. A Londres, on peut constater, si l'on est attentif, un trou dans les immenses et si riches fonds des services secrets britanniques conservés au Public Record Office, manque qui, par le plus pur des hasards, n'en doutons pas, concerne précisément la seconde moitié du mois de juin 1943, époque de la capture de Jean Moulin par Klaus Barbie. A Paris, brillent par leur absence dans les rayonnages des Archives nationales des dizaines de cartons dont la réalité est attestée et qui pourraient permettre, sinon l'élucidation des circonstances exactes et des causes précises de l'arrestation de Jean Moulin, du moins une avancée décisive dans la connaissance de cet événement survenu à Caluire, près de Lyon, le 21 juin 1943.

Quand des obstacles interdisent l'accès au cœur du sujet, il convient, sauf à renoncer, de se souvenir qu'il n'est de forteresse imprenable que mal assiégée. En ce qui concerne Jean Moulin, une fois le tour fait de l'accessible et sans jamais perdre la volonté de parvenir un jour à se faufiler jusqu'au pot aux roses, reste, en fin de compte, à tenter d'en apprendre un peu plus par le biais de son entourage. Non pas celui que les circonstances politiques lui ont imposé, car les preuves abondent qu'envers ce groupe il ne se départit jamais de la distance propre au chef et de la discrétion que le stratège se doit de cultiver sur ses plans et ses pensées intimes. Aussi bien est-ce vers l'entourage qu'il s'était choisi par affinité élective qu'il faut se tourner, en pariant qu'il lui aura fait des confidences ou qu'il lui aura donné à voir et à comprendre des traits, des pensées ou des actes jusqu'ici demeurés inconnus.

Trois femmes figurent parmi ces rares élus, qui s'étaient connues par lui, s'étaient mutuellement appréciées malgré leurs différences, et sont restées liées. Laure Moulin n'a pas manqué de parler de ses deux amies dans la biographie de son frère. Elle l'a ainsi dédicacée à Antoinette Sachs : « A celle qui ne craignit pas de partager ses risques, qui l'éclaira dans sa solitude et l'aida dans son action, avec ma profonde gratitude et mon affectueuse amitié. » De cette Antoinette, d'aucuns ont tenté par la suite de faire la maîtresse de Jean Moulin bien qu'elle eût démenti catégoriquement et publiquement l'avoir jamais été, non sans toutefois revendiquer, et à juste titre, sa qualité de proche en même temps que de confidente sûre. Sans aucun doute dépositaire de quelques vérités pas du tout bonnes à dire à l'époque, et à peine moins aujourd'hui, elle n'a malheureusement pas réussi à écrire ses Mémoires et ses archives lui ont été volées au fil de huit cambriolages, le reste, conservé après bien des tribulations dans un musée parisien, s'avérant malgré tout bien instructif. Mais le risque existe que l'on ne sache pas de sitôt si la phrase sibylline de la lettre que lui avait écrite Laure le 8 février 1947, à propos de l'instruction alors menée sur l'arrestation de Jean Moulin, à savoir : « je n'ai rien dit du côté français de l'affaire, qui est le plus délicat », fut ou non pour quelque chose dans la tonitruante sortie que fit Antoinette, deux ans après la disparition de Laure, dans le grand quotidien *La Suisse*, du 24 juin 1976 : « Je n'ai pas peur de le dire. Il s'agit d'un vaste complot, du plus grand complot politique de l'histoire de la Résistance. A Londres, on avait commencé à prendre ombrage de la popularité et de l'influence croissante de Moulin. Nombreux étaient ceux, dans l'entourage du général de Gaulle, qui craignaient qu'après la Libération Jean Moulin ne devienne un personnage trop influent. »

Pareil éclat, peut-être excessif, lui valut de souffrir le genre de dénigrement qui visa plus tard le témoignage de la troisième amie : Jeanne Boullen. Laure avait révélé l'existence de celle-ci en citant ses souvenirs des journées mouvementées passées à Chartres auprès de

Jean Moulin, et, non contente d'authentifier ainsi le récit de Jeanne, elle avait tenu à le valoriser par ces mots : « Chère Boullen qui, dans l'ombre, a accompli des prouesses restées clandestines encore aujourd'hui [1]. »

Etait-ce être exagérément curieux que de se demander à quelles *prouesses* Laure faisait allusion, et pourquoi en 1969, date de la parution de l'ouvrage, elles demeuraient inconnues ? S'agissait-il d'exploits réalisés au service de Moulin, sinon lesquels ? Et pourquoi les biographes ultérieurs du grand disparu ne disaient-ils rien d'eux, ni, du reste, de Jeanne, les uns citant dans le meilleur des cas son nom, les autres jetant le doute sur sa crédibilité autant que sur la véracité de ses propos ? Ils sont, dit l'un, en 1989, « sans doute déformés sur bien des détails ». « Les notes de celle-ci sont en effet inutilisables dans la mesure où elle ne tient aucun compte des dates », renchérit un autre, en 1998, comme si la datation ne relevait pas du travail de l'historien. « Elle a écrit des *Souvenirs* dans lesquels l'affabulation se combine parfois

---

1. *Jean Moulin*, Presses de la Cité, Paris, 1969, p. 188.

avec la réalité », assène un dernier, en 2000. La charité commande de ne pas nommer ces auteurs ; la vérité oblige à dire que, hormis un passage des *Souvenirs* de Jeanne publié par Laure, aucun d'eux ne les avait lus puisque aucun n'avait vu ses archives.

Pour ma part, parce que le 22 janvier 1966 Laure avait écrit à Antoinette avoir eu la visite de Jeanne huit jours plus tôt et disposer depuis d'« un cahier de souvenirs », je tenais à lire ce cahier avant de me prononcer.

Car un *cahier, tout* un cahier, c'était la certitude que Jeanne ne s'était pas contentée de raconter les journées chartraines de mai-juin 1940, qu'elle avait dit l'avant et qu'elle avait dit l'après. Oui, savoir qu'attendait quelque part un cahier de souvenirs rédigé par celle qui avait joui de la confiance et de l'affection de la fratrie Moulin réveilla la faim qui sommeille en tout archivore et m'engagea dans une quête de dix ans.

Sachant le cahier absent des archives d'Antoinette – sinon je l'aurais vu durant les trois semaines passées à les examiner à la fin de l'année 1998 –, je crus avoir trouvé la bonne piste au mois de février suivant lorsque je remarquai qu'un des trois auteurs évoqués plus haut affirmait avoir découvert ses « souvenirs » dans les archives de la FNDIRP, une association d'anciens résistants fondée et longtemps dirigée par Henri Manhès, ex-premier lieutenant de Jean Moulin et dès lors bien connu de Jeanne. C'était plausible : elle avait pu s'adresser à lui pour faire valider ses titres de résistante et fournir pour ce faire son cahier de souvenirs. Mais la FNDIRP m'interdit d'accéder à ce qu'elle nommait le « témoignage » de Jeanne en excipant du caractère « strictement privé » de ses archives et en arguant de « l'appréciation très défavorable portée par notre association » sur mon précédent livre, *Les Secrets de l'affaire Jean Moulin*. Je me promis de n'en pas rester là. Deux ans plus tard, un jeune historien, Max Lagarrigue, m'offrit d'ajouter Jeanne Boullen à la liste des résistants dont il souhaitait consulter les dossiers FNDIRP. Stupéfiante réponse écrite, du 13 novembre 2001 : on n'a « aucun élément ».

Je dus patienter sept ans avant que les recherches de l'historien Pascal Convert l'amènent à devoir examiner le dossier FNDIRP d'Henri Manhès dans lequel, pensais-je depuis longtemps, devaient, selon moi, se trouver les papiers Boullen. Ils y étaient. Principalement sous la forme de son curriculum vitae de résistante, six pages dactylographiées. Contrairement aux dires précédemment rapportés, elles étaient tout à fait utilisables et ni plus ni moins imprécises que bien d'autres documents de ce genre. C'était bourré d'informations inédites, de noms connus et inconnus, d'épisodes intrigants et d'autres palpitants. Mais ce n'était pas le cahier de souvenirs.

Du moins, étais-je confirmé dans mon intuition de l'importance historique de celui-ci et avais-je en main de quoi relancer ma quête. Laquelle était allée de déception en fiasco. Marie-Laure Prévost, conservateur général de la Bibliothèque nationale de France, où les archives de Jean Moulin sont déposées, m'avait aimablement écrit n'avoir pas le cahier dans ses fonds, et, peu après, Cécile Benoist, héritière des archives de la famille Moulin, m'avait non moins courtoisement fait la même réponse. Ma dernière chance de retrouver le document convoité était de localiser la famille de Jeanne, voire Jeanne elle-même qui, après tout, pouvait être nonagénaire. Ignorant son lieu de naissance mais sachant qu'elle avait été infirmière à Amiens, j'avais supposé qu'elle y était peut-être née. Si l'état civil de cette ville le confirmait, j'aurais un point de départ pour remonter jusqu'à elle ou aux deux garçons, mentionnés dans des lettres de Laure Moulin, qu'elle avait eus avec un mari dont j'ignorais tout, à part le nom : Franz Neumann. Cependant la bureaucratie amiénoise s'était dépêchée de doucher mes espoirs au motif que la loi interdit de fournir des données d'état civil d'une personne dont le solliciteur n'est pas parent.

Par bonheur, l'un des documents récupérés à la FNDIRP mentionnait les lieu et date de naissance de Jeanne. L'entrée de la bonne piste était là. Instruit par l'expérience amiénoise, j'attendis la pause de la mi-journée pour appeler l'état civil de la mairie de Saint-Maurice (Val-de-Marne), comptant ainsi parler à une débutante ou à une intérimaire plutôt qu'à quelque cerbère. Comme (presque) toujours, la ruse porta ses fruits. J'en appris plus sur Jeanne en cinq minutes qu'en dix ans : l'identité de ses parents, la date et le lieu de son mariage, sa dernière adresse parisienne (à 500 mètres de chez moi !), la date et le lieu de son décès. J'appelai sur l'heure les mairies concernées, y obtenant des informations complémentaires, puis l'hôpital Henri-Mondor, à Créteil, où elle était morte, et aussi le cimetière de cette localité, où elle avait été inhumée en 1971, enfin la charge notariale marseillaise qui, en 1942, avait établi le contrat de mariage entre Jeanne et Franz Neumann, Viennois de vingt-deux ans, dont le site jewishtraces.org m'apprit la religion probable.

Dans cette riche moisson, manquaient les enfants. J'en savais seulement ce que Laure avait écrit à Antoinette : l'un était resté avec son père en Israël et l'autre était revenu vivre en France avec sa mère, vers 1950. Consulter l'annuaire téléphonique s'avéra décourageant, les Neumann y abondaient, aucun n'étant d'ailleurs prénommé Ariel, comme l'avait dit Laure. La perspective de retrouver ainsi les garçons s'éloignait, et avec elle celle de lire ce fichu cahier.

Peut-être est-ce en cherchant les Neumann inscrits sur les interminables listes de déportés partis de France qu'en désespoir de cause me vint l'idée de la dernière chance : demander à l'Institut Yad Vashem s'il n'aurait pas une trace de Franz Neumann. C'était le mois de mai 2008. En trois jours, la réponse israélienne fut là. Yad Vashem avait un bon millier de pages, surtout des poèmes de Franz et aussi quelques feuillets autobiographiques, mais rien sur Jeanne. Je reçus rapidement les photocopies du tout. Franz était mort en 1976. Mais il n'y avait pas d'adresse d'héritiers.

Aussi est-ce vraiment sans le moindre espoir que je me remis à pianoter sur Google. J'y avais déjà consacré des journées entières, toujours en vain : 300 000 résultats rien que pour Franz Neumann, 16 millions pour Neumann, six mille et quelques pour le nom de famille Boullen, avec cette précision que c'est le 65 086ᵉ patronyme le plus porté en France, mais rien de nouveau sur Jeanne, sinon qu'une actrice de la compagnie Quercy Production avait interprété son rôle dans une pièce sur Jean Moulin.

Et, soudain, le miracle. Sur le site cousinconnect.com, un certain Gil Neeman avait lancé une bouteille à la mer. Il souhaitait prendre langue avec quiconque aurait quelque chose à lui apprendre sur l'histoire de son grand-père. Son bref message ne laissait guère de doute : c'était le petit-fils de Franz Neumann.

Ma réponse partit sur-le-champ, c'était le 12 mai 2008. Et j'attendis. La semaine passa, puis un mois, puis deux, trois, et j'attendais toujours. Un matin de décembre 2008, le cœur faillit me lâcher quand je reçus le mail de Shmuel Neumann. C'était le fils de Jeanne resté en Israël. Il m'apprenait la mort de son frère Léonard (et non pas Ariel, comme l'avait écrit Laure), deux ans plus tôt, il me donnait aussi les coordonnées d'une amie française qui pourrait m'en dire plus : Catherine Veil. La conversation entre elle et moi s'engagea le 14 décembre, chaleureuse et fructueuse. Son époux avait connu Franz en 1944 et tous deux avaient ensemble échappé à la mort en août de cette année-là. Elle était restée proche des Neumann, ceux d'Israël et ceux de France. Elle pouvait me mettre en relation avec eux. Elle savait que Florence, la petite-fille de Jeanne et de Franz, avait hérité des papiers de son père. Le 19 décembre, j'écrivis un long mail à Florence ; le 14 janvier, j'étais chez elle, déjeunant avec elle et les siens, et je leur faisais malgré moi du mal en les faisant parler du père disparu mais sentais aussi que je leur faisais un peu plaisir en disant à quel point je m'étais attaché à Jeanne au long de toutes ces années passées à la poursuivre, combien était grande mon envie de savoir tout d'elle, plus forte que jamais ma résolution de raconter sa vie en lui rendant un hommage bien mérité, en la faisant revivre dans un livre.

On posa sur la table de la cuisine chaude où nous étions comme familialement rassemblés une vieille mallette marron bourrée de photos et une grande valise beige pleine de papiers, parmi lesquels reposaient des cahiers d'écolière. L'un d'eux, à couverture bleue, à pages lignées noircies d'une écriture bouillonnante qui *exigeait* d'être lue, était le cahier de souvenirs de Jeanne.

Et voici ce qu'après quelques autres recherches, j'ai su de Jeanne Boullen, petite silhouette brune cheminant un temps au côté d'un grand homme au regard noir, souvenir estompé dans de rares mémoires, victime de temps affreux puis des ans qui passaient, mais dont l'âme jamais ne plia, même aux pires heures de sa dure existence, faisant d'elle, au-delà de la figure du résistant inconnu qu'elle aura trop longtemps été, un être que l'on est heureux d'avoir approché.

Georgette Jeanne Boullen naît le 7 février 1908, à Saint-Maurice, dans le département de la Seine, aujourd'hui Val-de-Marne. Alors âgée de quarante ans, sa mère, née Jeanne Joséphine Buneaux, est originaire de Rouville, près de Bolbec (Seine-Maritime). Son père, l'ouvrier ajusteur Octave Boullen, natif de La Gaillarde, un hameau du même département, est dans sa trente-sixième année lorsque lui est enfin donné l'enfant qu'un premier mariage lui avait refusé. Tous deux de confession protestante, ils ont eu le temps d'inculquer à leur fille les valeurs de leur foi avant de disparaître, elle d'abord, lui ensuite.

En décembre 1931, la voici esseulée, petite brunette aux yeux bleus.

Face à un monde dur à sa classe et avec sa religion pour principal bagage, elle n'a pas attendu d'avoir vingt-trois ans et de mesurer un mètre soixante et un pour se dire que la société est à parfaire et sa propre personnalité à faire. Ecolière, elle avait préféré être appelée Geo (Jo) par ses copines ; adulte, la Résistance lui permettra de cesser d'être Georgette pour enfin devenir Jeanne, même sur sa carte d'identité, jamais échangée contre une fausse alors que s'équiper de papiers contrefaits lui eût été si facile – et plus prudent. Mais la prudence n'est pas davantage son genre que le reniement intime. Son genre, c'est la quête de soi, du Vrai, du Bien. De son propre aveu adepte de saint Paul, elle pense comme lui que le temps qu'il reste est fait d'inédit, que l'inédit appelle une émancipation du passé, qu'aux pouvoirs nés d'hier il faut résister aujourd'hui, que rien ne compte que la fraternité, et que la conscience est la volonté vraie de Dieu.

Certains ont vu dans la doctrine de Paul le prototype des idéologies progressistes, tendance anarchiste. Etant donné son cadre de référence et son inépuisable capacité d'indignation, Jeanne ne pouvait pas ne pas s'en sentir proche, tout en se moquant de tous les bigots et sans hésiter à jauger même ce qu'elle a révéré. Un an avant sa mort, apprenant celle de Charles de Gaulle, c'est en paulinienne qu'elle griffonne ces mots : « Homme spirituel au vrai sens du mot, mais pour la Grande Vérité resté enchaîné au petit monde de son enfance, celui qui n'évolue pas, qui nous incite à rester sous le joug de la chaleur du nid préférablement à la solitude de la grande liberté qui seule peut faire vivre nos âmes. » Et de conclure en ciselant cette épitaphe vacharde : « Il a *failli* être un révolté [1]. »

En 1931 Jeanne est encore une débutante de la vie. Entrer cette année-là à l'école d'infirmières l'engage dans la voie du dévouement. Une photo de classe la montre parmi ses condisciples de deuxième et troisième années, encadrées par leurs sept enseignantes. Vêtues de blanc, mains jointes et pieds sagement croisés, ces demoiselles fixent pour l'éternité l'objectif de René Guinier, photographe d'art à Courbevoie. Sous la coiffe réglementaire et immaculée, Jeanne, debout au milieu du

---

1. Toutes les citations de Jeanne ainsi que tous les détails descriptifs viennent de ses notes et cahiers de souvenirs.

dernier rang, est comme intimidée par la solennité de l'instant ou gênée par la pose à tenir. Elle affiche un sourire contraint, tout à fait contraire à sa profession de foi : « Rire, oui rire, c'est pour moi une nécessité vitale. Rire de tout, de rien, du ciel bleu et des méchants nuages qui nous guettent et peuvent éclater en pluies torrentielles, rire du chien qui court et qui lève la patte contre l'arbre qui ne résiste pas, rire de la femme en colère qui va chercher son incurable mari dans un estaminet trop fréquenté, rire… Rire, c'est fini oui ou non ? »

Non, mais presque.

En décembre 1934, brevets d'infirmière hospitalière et d'infirmière visiteuse en poche, elle part s'installer dans la Somme, à Saint-Léger-lès-Domart. A peine s'est-elle mise au travail que la question sarroise ramène au premier plan la crainte de la guerre avec l'Allemagne du chancelier Hitler. Le 8 janvier suivant, elle s'engage dans la Croix-Rouge comme infirmière en temps de guerre ; cinq jours plus tard, la Sarre redevient allemande par plébiscite. Aux clameurs nationalistes à peine calmées succèdent des roulements de tambour, des cliquetis d'armes et des coups de boutoir précurseurs des coups de canon. Hitler menace partout, Autriche, Sudètes, Espagne. La guerre approche, on la sent venir dans ces plaines picardes ravagées par la Grande Tuerie de 1914-1918.

A pied, à bicyclette, en voiture, Jeanne court les routes et les chemins, de ferme en maison, partout où un malade attend sa piqûre, un enfant son fortifiant, une aïeule son remède, un malheureux une blague, un tuberculeux une bonne parole, un agonisant une prière. Gagnant la confiance des humbles qui frappent à la porte de son petit dispensaire et le respect des prostituées malades dont elle s'occupe aussi, nouant ici et là des amitiés pour la vie, par exemple avec le pasteur Marcel Heuzé et sa femme, gagnant la sympathie de ses collègues infirmières et le soutien affectueux du Dr Antonin Mans, chef du service de santé départemental dont elle dépend, elle se décarcasse du soir au matin. Ce n'est pas assez pour cet intrépide bout de femme. A l'été 1937, elle séjourne dans des camps de vacances pour jeunes gens, organisés en Forêt-Noire par les quakers. « Rien ne parlait de haine, écrira-t-elle, la Bible était le centre de nos discussions et nous semblions nous aimer fraternellement. On aurait dit que rien ne pouvait nous séparer. Les jeunes Autrichiens et Autrichiennes nous saluaient le matin d'un beau *Grüss Gott,* un salut qui me semblait si beau : "En te saluant, je salue notre Dieu." Le même Dieu. Alors ? Alors, nous chantions les mêmes cantiques, chacun dans nos langues, et allions boire et faire toilette aux mêmes sources... Et puis, et puis ! »

Et puis, en 1938, les Furies secouent les barrières frontalières de plus en plus fort. « Pourquoi maintenant s'entretuer ? s'interroge Jeanne. Des hommes de bonne volonté, il y en a, je l'ai vu, j'en suis sûre. »

Mais l'Autriche a été annexée au Reich le 12 mars, puis la crise des Sudètes éclate en septembre, Paris rappelant les réservistes et Londres armant sa flotte, les deux capitales allant ensuite ensemble ramper devant le dictateur qui fait sur-le-champ dépecer la Tchécoslovaquie par ses casques d'acier (1er octobre). Face à la foule parisienne qui le fête à son retour de Munich, Edouard Daladier grommelle : « Les cons, s'ils savaient ! » Aux Communes, Winston Churchill sait déjà :

« Vous aurez le déshonneur et la guerre. »
En septembre 1939, l'invasion de la Pologne
oblige la France et le Royaume-Uni à se
déclarer en état de guerre.

En novembre, Jeanne prend du galon. Ses
collègues infirmières l'ont élue responsable,
sous l'autorité du Dr Mans. Affectée à la
préfecture d'Amiens, elle trouve sa nouvelle
fonction moins enrichissante que la précé-
dente, mais prenante. Elle campe plutôt qu'elle
n'habite dans une petite chambre louée à la
va-vite en bord de Somme et se démène du
matin au soir dans son minable bureau.
Convaincue que personne n'a besoin de chefs
pour bien faire son travail, elle s'échine à « tuer
les hérésies » dont la bureaucratie est si
féconde. Obstinée parpaillote, elle voudrait
réformer le monde en lui injectant du nouveau,
mais ses modestes apports, « quelques notions
d'hygiène, faire connaître les droits sociaux,
c'est pas grand-chose ». Elle sera donc aussi
assistante sociale et, tant qu'à faire, infirmière
chef de la défense passive.

10 mai 1940 : fini de rire.

La veille, elle avait prévu de passer la nuit
chez des amies, mais leur réunion d'études

bibliques est interrompue par une sirène qui mugit, lointaine, lugubre, impérieuse. Sans doute n'est-ce encore qu'un de ces exercices de défense passive qu'elle n'a jamais pris au sérieux tant ils ressemblent à des jeux pour éclaireuses et boy-scouts. Mais bien que tout le monde se soit habitué depuis neuf mois à vivre dans l'étrange ambiance de ni guerre ni paix qu'est la « drôle de guerre », on sent cette fois que c'est peut-être pour de vrai. Sa première pensée, c'est que la « revue » qu'elle montait depuis quelque temps avec les enfants de l'école du jeudi sera fichue.

Quand elle se présente au local, le Dr Mans, promu capitaine chef de la défense passive d'Amiens, s'y trouve déjà. Accourant des quatre coins de la ville, les infirmières du service se présentent une à une, souffle court d'avoir couru, en uniforme boutonné à la va-vite et chargées des impedimenta de leur fonction, casque et croquenots, musette de premiers secours sur une épaule et masque à gaz en bandoulière sur l'autre, quart réglementaire et lampe électrique à la ceinture. Atmosphère pesante, personne ne dit mot. Les Allemands sont en train d'envahir la Hollande, le Luxembourg, la Belgique. Les meilleures troupes françaises et le corps expéditionnaire britannique vont à leur rencontre. Les avions à croix gammée bombardent.

Un médecin militaire est là. Il est jeune, il a la mine défaite. Alors Jeanne, pour le dérider : « Mon vieux, les sirènes n'ont pas l'air de vous plaire… – En voiture ! » lui répond-on.

Quatre heures trente du matin. On roule, et comme personne n'a l'air de savoir où l'on va, elle pose la question. « Ah, petit Boullen, ronchonne le Dr Mans, toujours la même ! Les Boches pilonnent Abbeville, on y va. Vous avez peur ? » Elle répond, bravache : « Ça peut pas faire plus peur qu'un orage dans les montagnes du Tyrol. »

Une quarantaine de kilomètres séparent Amiens d'Abbeville. La cité rougeoie dans la nuit déclinante. Des flammes jusqu'au ciel. Des avions passent et repassent, on les entend gronder sans les voir. Et puis des explosions. Des fumées stagnent dans l'aube grisée. Une odeur de brûlé emplit les narines, bizarre, de plus en plus poisseuse. Jeanne n'ose faire remarquer qu'elle ne la trouve pas si désagréable que ça, qu'elle lui rappelle vaguement celles des cuisines quand les mamans parachèvent la tarte du dimanche en caramélisant du sucre. Encore des avions, cette fois en rase-mottes. Explosions en chapelet. « Bombes incendiaires », diagnostique le capitaine instruit de ces choses par 14-18.

Ils entrent maintenant dans la ville assommée. La peur est palpable. Dans les cours, le feu crépite. Les blessés ont l'air peu nombreux et les services de secours bien organisés. Pris dans l'étrange odeur sucrée, le convoi cherche un passage vers la sous-préfecture ou la mairie.

Sous l'œil de Jeanne le triste spectacle tourne au gag. Ça commence par un drôle de bruit, le suçotement des pneus qui collent à la rue comme s'ils roulaient dans de la glu. Connaissant Abbeville, Jeanne a compris : les usines de betteraves à sucre ont été touchées. Elles brûlent, et leurs réservoirs de jus et de cassonade avec. Des tonnes, des dizaines, des centaines, peut-être des milliers de tonnes, coulent et fondent, formant un caramel pâteux qui se répand en magma. Des femmes insensibles au danger pataugent dans cette lave tiède dont elles emplissent leurs casseroles.

Des gosses plongent à pleines mains dans la mélasse odorante et s'empiffrent en silence avant de se pourlécher pour ne rien perdre de l'improbable gâterie. Un chien renifle cette marée montante tout en s'en éloignant à reculons. Jeanne n'y tient plus. Descendue de voiture et bottes engluées dans la flaque rousse, elle y enfonce son quart en brisant la surface craquante, le porte fièrement à ses lèvres et s'emplit la bouche du suc qui colle aux dents avant d'en proposer le reste aux filles qui tendent le bras à travers les vitres baissées des véhicules, le tout non sans guetter du coin de l'œil la mine du docteur.

Son sourcil froncé le dit plus amusé que fâché. Balançant entre le respect qu'on devrait avoir pour ses galons de capitaine et celui qu'il doit à la vie en tant que médecin, il bougonne : « Gardez-en un peu pour ma fille. Elle voulait venir, elle a toujours peur quand je ne suis pas là. »

Les heures filent, les jours, les semaines, le chaos prospère sous un ciel impitoyablement radieux. Hollande effondrée, Belgique balayée, Luxembourg absorbé, ligne Maginot contournée, hordes de panzers emballés, flottes d'avions déchaînés, déluges de parachutistes enragés, vagues de troupes suréquipées, armées française et britannique piégées en Flandre, foules affolées, exode. Le temps est au désastre, rien qu'au désastre, toujours au désastre.

Amiens fait le gros dos, Jeanne serre les dents et emmagasine les impressions : « La haine fut prompte à prendre le cœur en ce beau mois de mai, mois des fleurs de la vie qui monte en chacun et chasse les affres de l'hiver. Nous vivons à moitié cachés dans des abris et le reste du temps en commun à la préfecture, désorientés, apeurés, paniqués. Journées terribles des 18, 19, 20 mai, dans le cauchemar des bombardements, sans provisions, presque sans eau. L'hôpital militaire brûle et depuis l'autre côté du pont j'entends des soldats hurler. Je ne peux rien. Spectacle terrifiant qui emplit de rage impuissante. Nos soldats de la deuxième réserve partent arrêter l'ennemi, en tenue bleu horizon et fusils de 14-18, me laissant casquée et tremblante pour garder le pont. Je suis "défense passive", et pour l'être, passive, et même tout à fait, je ne le suis que trop. Mais qu'est-ce que je fais là ! A hauteur d'un grand parc, deux Allemands à motocyclette sont arrêtés. Et des avions arrivés en nombre bombardent avec fureur. Je retourne ventre à terre à la préfecture. La gare est un brasier et on entend appeler sous les décombres. Les voies ferrées sont démolies. En retraite, des soldats anglais sont mitraillés. Les réfugiés du Nord qui passent cherchent à se réapprovisionner, au moins de quoi boire. Mais il n'y a presque plus rien à offrir, ni à vendre, et ceux qui restent pillent ceux qui sont déjà partis, vêtements, meubles, tout. Les Allemands savent ce qu'ils font. Ils sont parvenus à leur fin, jeter la panique dans la population. On vit dans une hébétude générale, une soumission à la seule loi de ceux qui courent après la vie, qui ne veulent pas mourir pour rien, pour une défaite. Temps des horreurs et aussi des erreurs. Les âmes sont troublées au point de ne voir en ces jours affreux qu'un délaissement de Dieu. Quel vide, quel trou noir au fond du cœur. Seule je le suis, de cette solitude de l'âme qui cherche et qui se cherche et qui n'a plus aucune foi dans ce Dieu jusqu'alors pour elle tout-puissant. Pour moi, c'est fini. Une autre forme de spiritualité me prend. Plus de paix de l'âme, seulement le simple désir du mieux et d'une élévation dans la solitude. Les Allemands ont épargné la cathédrale, la bibliothèque, la préfecture. Le préfet n'a pas d'ordres. Aucune directive n'arrive jusqu'ici ; à Paris, on doit dormir encore sur ses deux oreilles. Que doit-on faire ? Personne ne sait. Mes filles de joie sont enfermées, car contagieuses. A côté de leur hôpital prison, une caserne de jeunes recrues a été évacuée tandis qu'elles restent bouclées, réfugiées dans les caves à cause des bombes. Ayant obtenu de les libérer à force de réclamations, c'est de mon propre chef que je les laisse emporter autant de nourriture qu'elles le peuvent, et les voilà en route, ahuries d'être libres, elles qui étaient des esclaves dans les maisons spéciales où je les visitais (médicalement bien entendu, et aussi pour essayer de les faire changer de vie) alors que des hommes bourreaux les tenaient, dont elles avaient bien peur – et moi aussi. A quelque temps de là, pendant l'exode, j'ai revu l'une de ces déshéritées accoutumées à tout et qui étaient d'une bonté extraordinaire. A peine âgée de dix-huit ans, elle avait recueilli un enfant de trois ou quatre ans dont les parents étaient restés sous la mitraille. A l'armistice, elle l'aura encore mais pas le droit de le garder. Hélas, car elle aurait abandonné son sordide métier pour l'élever. Que sont-ils devenus, ces êtres qui déjà s'aimaient d'un amour pur ? »

Enfin l'ordre de repli arrive de Paris. On se hâte, on s'énerve, on s'interpelle dans les couloirs de la préfecture.

« Alors, Boullen, pas encore prête ! » Qu'emporter ? Elle embarque sa lampe électrique à accus, son réchaud de camping, quelques vieux biscuits.

« Ah, petit Boullen, vous êtes folle ! » Elle ajoute un réveil et la photo de sa mère.

« N'oublions pas la réserve d'essence, dit le prévoyant Dr Mans.

— Ni celle de champagne ! » répond-elle dans un éclat de rire. Le préfet y a trop fait honneur, c'est pompette qu'il est monté dans sa voiture.

On démarre enfin, en plusieurs convois. Le gratin de la préfecture a pris la nationale qui mène à Paris. N'écoutant aucun conseil, le service de santé militaire s'est engagé sur une voie déjà trop embouteillée pour ne pas tourner à la souricière. Le service du Dr Mans emprunte, lui, les petites routes qui filent vers l'est. Avant Vraignes, un minuscule village entre

Péronne et Saint-Quentin, la mitraille des avions est trop drue. On s'arrête dans un bois. Jeanne sort son réchaud, emprunte une poêle à la paysanne qui pleurait non loin sa vache morte, et nourrit sa troupe avec une omelette qui lui vaut la reconnaissance des ventres. Alerte ! Des éclaireurs ennemis avancent sur la route, on doit repartir, réveiller les aspirants qui s'étaient joints au petit groupe, s'entasser dans les voitures, laisser derrière soi les paysans tentés de s'en aller mais que l'idée d'abandonner leurs bêtes cloue sur place, et puis reprendre la route et encore rouler.

« Ah, les routes de France en ce temps ! Quelle débandade, partout des gens de partout. L'exode dans toute sa force. La peur de chacun affole l'autre. Ils ont peur, alors ils partent. Où ? Ils ne savent pas. Ils seront bloqués dans leur course aveugle par les Allemands que rien n'arrête, tellement jeunes qu'on voudrait les renvoyer à l'école, mais brutaux, et si sauvages qu'ils s'amusent à faire des cartons sur le bétail qui pâture. Pourquoi ? Il n'y a pas de pourquoi. C'est ainsi, et il faut l'admettre comme une aberration. Nous allons maintenant plein ouest. Dans un village, des hommes affolés invitent tout le monde à partir, plus vite, encore plus vite. Qui sont-ils ? La Cinquième Colonne ? On en parle beaucoup, c'est plus simplement la folie humaine. Au premier arrêt, on nous refuse de l'eau, nous prenant pour des déserteurs du front. Beauvais brûle, l'hôpital est évacué, l'âcre fumée prend la gorge, pique les yeux, aveugle. Nouveau départ, on roule au pas. Tant de voitures sont en route, jusqu'à des brouettes sur lesquelles on a entassé le plus de choses possible, les chiens suivant, les oiseaux dans leurs cages, les vieillards juchés sur le toit des véhicules pleins à craquer, pauvres vieux qui sont là, tout hébétés. Beaucoup pleurent en silence. Jamais ils n'ont subi pareil outrage, quitter leurs maisons pour aller mourir sur la route sous la mitraille. Souvent bloqués, nous marchons parfois à pied, dans le flot humain. J'engage la conversation, je sens la fraternité et notre impuissance. Nous avons le cœur lourd. La haine a franchi la barrière du mien. La guerre est un puissant corrosif. Haine de l'homme qui tue, mais haine qui fait des rides au cœur qu'aucune crème de beauté ne peut effacer. Haine de l'ennemi, pente vertigineuse où rien n'arrête la glissade. Le cœur et le corps sont détruits mais l'âme raffermie [...]. Je ne saurais dire comment, mais, sales, exténués, dépenaillés, affamés, nous franchissons la Seine et continuons plein sud. Notre préfet ayant été pris à Thieuloy et ses employés à Saint-Lô, nous seuls, du service de santé, sommes encore libres quand nous apparaissent les tours de la cathédrale de Chartres. »

« Quelques jours ont fait de moi une patriotarde », constate Jeanne en entrant dans la ville. Toute une foule s'est jetée dans les rues après que les bombardiers ont dévasté le terrain d'aviation. Au volant de son camion, c'est avec force coups de klaxon et pas moins d'injures lancées à la cohue qu'elle se fraie un passage vers la préfecture. Les portes de la cour en sont grandes ouvertes, mais seul le secrétaire général apparaît en haut de l'escalier. Jeune, l'air maussade et démoralisé, Jean Chadel dit que le préfet est sorti calmer les gens mais ne devrait pas tarder. En effet, une Hotchkiss arrive en trombe, s'arrête au pied du perron d'un coup de frein magistral et la portière s'ouvre sur un uniforme. Ce n'est pas un général de l'armée en déroute, c'est le préfet. Il descend de voiture, visiblement las. Pas très grand, il est très brun. Jeanne a l'impression de l'avoir déjà vu, sans parvenir sur le moment à se rappeler où.

Elle l'avait tout bonnement croisé dans les couloirs de la préfecture d'Amiens. Il en a été le secrétaire général de juillet 1934 à juin 1936, y gagnant le surnom de « Moulin rouge » tant sa réputation d'homme de gauche et de bon vivant était faite. Il y avait retrouvé avec bonheur un ami du temps de leur jeunesse montpelliéraine, le Dr Antonin Mans. Lequel va maintenant à la rencontre du préfet. Oublieuse du protocole, la cohorte amiénoise fait bientôt cercle autour des deux hommes. « Voici nos troupes, mon cher Jean, dit le Dr Mans. Et voilà votre patron, mes amis : le préfet Jean Moulin. »

« Il n'a pas l'air commode », pense Jeanne tout en admirant ses yeux noirs. Et en se disant qu'il n'a rien d'un vaincu, elle pressent qu'elle n'aura aucune difficulté à le servir. Du reste, il fait aussitôt preuve d'humanité : « Vous devez avoir faim. » C'est moins une question qu'un constat, dont Jeanne profite pour se faire le porte-parole des siens : « Faim, oui. Et soif également, monsieur le préfet. Et aussi besoin de dormir quelques heures, une ou deux seulement. »

Un en-cas prestement englouti et quelques bouteilles de vin vieux apportées par une non moins vieille cuisinière aussi vite vidées, et les voici dormant tout habillés sur des lits de camp installés dans une réserve. Réveillés en sursaut par un bombardement, ils sont d'un bond dans la cour où l'huissier qui leur offre de descendre dans un abri creusé sous la préfecture se voit remercié d'un éclat de rire général. Les bombes, des briscards comme eux en ont vu d'autres. Masque à gaz battant le flanc et jugulaire du casque sous le menton, ils s'apprêtent à aller porter secours quand reparaissent le docteur et le préfet. Celui-ci a coiffé son képi à feuilles d'argent. Jeanne n'est pas du genre à laisser passer l'occasion de rappeler un préfet à l'ordre : « Monsieur le préfet ! rit-elle. Vous n'avez pas mis votre casque ! »

L'impertinence plaît. L'interpellé réplique du tac au tac : « Vous ! montez dans cette voiture et partons. Je vous dirai en cours de route ce que vous aurez à faire. »

« La glace est rompue. En un instant, je suis dans la vieille Hotchkiss. Le chauffeur étant dans sa cabine fermée, nous, à l'arrière, pouvons parler à l'aise. Ce préfet imperturbable me rappelle soudain Lawrence d'Arabie et je le lui dis en riant. Grave et soucieux, avec sa belle voix et son léger accent méridional qui lui donne un charme tout particulier, il me dit : "Petit Boullen – je crois qu'on vous appelle ainsi – la guerre, eh bien, c'est très sérieux. Il se pourrait bien que nous y passions tous." C'est dans un silence de mort que nous arrivons dans les vieux quartiers de la ville. Il y a des blessés et des morts. Une terrible panique se lit sur les visages de ceux qui sont sur place et il faut avoir vu ce préfet penché près d'un mourant pour savoir ce que son âme contient. Il n'est pas religieux, mais après cette première sortie j'ai l'impression de côtoyer un saint laïque. »

L'angoisse étreint les Chartrains, beaucoup partent et l'exode emporte jusqu'au personnel préfectoral. Le secrétaire général demeure, lui, mais, inquiet pour sa femme et ses deux enfants, il prie Jeanne de les conduire chez ses parents, pas bien loin, dans le centre de la

France. Habituée à obéir, elle prend le volant aussitôt, sûre de pouvoir rentrer dans la journée. C'était compter sans l'embouteillage général car c'est après trois jours et trois nuits entrecoupés d'un quart d'heure de sommeil par-ci par là, qu'elle revient. On l'a cherchée partout, on l'a crue disparue, on l'a soupçonnée d'avoir fui. Le préfet est fâché, vraiment colère. Elle se tient devant lui comme une élève ayant fait l'école buissonnière. « Ne disparaissez plus sans prévenir, dit-il. C'est la guerre, c'est grave la guerre. Allez dormir. » Elle file au lit.

Le préfet est partout à la fois, Jeanne l'aide de tout son cœur. Avec la directrice de l'école normale de jeunes filles, ils installent un asile pour les malheureux qui affluent de partout. Il a toujours le mot réconfortant et aimable que l'on attend de lui et fait des miracles quotidiens en trouvant le pain, le lait, presque tout ce dont on a besoin. Arrivent des gens du Nord qui ont marché des jours sous un soleil de plomb agrémenté de mitraille. Voici des Belges encore plus épuisés et dressés les uns contre les autres par la conduite de leur roi. La plupart des gares ayant été détruites ou fermées, on expédie les trains vers la Bretagne, bourrés de passagers affamés.

Un jour, Jeanne trouve la gare de Chartres déserte. Une bombe l'a touchée. Au loin, une ombre baissée donne à boire à un moribond. C'est le préfet. Il a tiré sous les wagons ceux qui ne peuvent plus marcher. Pris par sa besogne, il ne voit pas Jeanne venir et ce n'est qu'en relevant la tête à l'approche de nouveaux avions qu'il l'aperçoit. « Cachez-vous ! » hurle-t-il. Le danger passé, il ajoute : « Ne pas s'exposer inutilement, voilà l'héroïsme. »

Encore quelques jours, et la gare ferme. Plus de départ possible alors que la transhumance s'amplifie. Exténuée, anxieuse et vociférante, la foule veut pourtant prendre le train. N'importe lequel, pour n'importe où, mais partir. Partir ! Partir ! C'est son cri. Tourné vers la masse qu'il voudrait apaiser, Jean Moulin fait face à une mère, un bébé dans chaque bras. Souffle court, il dit seulement : « Mes amis, c'est fini. » Et ces gens excités et fiévreux se calment, se retirent en silence pour aller s'asseoir au bord du quai, sous un soleil brûlant, attendant ils ne savent plus quoi, assommés. Une heure ne s'est pas écoulée que le préfet reparaît et annonce : « Que ceux qui n'auraient pas trouvé un asile et un repas à dix-huit heures se présentent à la préfecture et nous pourrons les héberger. » A vingt heures, tous ont mangé, tous ont un gîte.

Dans la matinée du 10 juin, alors que les armées françaises et britanniques ont été culbutées, qu'à Dunkerque environ 300 000 soldats, dont un tiers de Français, ont miraculeusement réussi à embarquer pour l'Angleterre, que les dernières défenses cèdent, que d'un jour à l'autre Paris va être pris, Jeanne, éreintée et moral en berne, pénètre dans la cour de la préfecture. Elle gare sa camionnette, s'en extrait, croquenots en avant et casque de traviole. Pour tomber aussitôt en arrêt.

« Calme sur un banc, une dame bien propre, bien habillée, bien arrangée – trop à mon goût d'actuelle guerrière – mais si calme, si sereine, attendait, comme si elle avait attendu là depuis sa naissance. Une voiture inconnue était garée non loin, immatriculée à Paris. Sachant le préfet sorti, je m'approchai et demandai si elle désirait quelque aide. Avec un sourire charmant elle me répondit qu'elle attendait de faire au préfet la surprise de sa visite et de ne surtout rien lui dire si je le voyais la première. »

Cette élégante tout droit sortie d'un autre monde est la plus proche amie de Jean Moulin.

Riche, artiste peintre, ayant ses entrées dans le Tout-Paris des arts et des lettres aussi bien que dans les allées du pouvoir et les salons aristocratiques, réputée pour sa beauté androgyne et pour son intelligence affûtée, elle a quarante-trois ans mais la touchante délicatesse de s'en attribuer dix de moins en constellant ses papiers d'identité de taches d'encre. Egérie attitrée du célèbre écrivain Paul Géraldy qui lui a consacré quelques lignes extasiées en oubliant seulement le regard vert de la belle à la « tête bouclée de petit pâtre grec, au corps insexué d'Artémis amazone et à la voix au timbre chaud, comme doré », elle est née Antoinette Kohn mais a conservé d'un mariage vite expédié son nom d'épouse : Sachs.

Aimant plaire, et particulièrement aux hommes politiques, c'est en 1937 qu'elle a connu Jean Moulin chez des amis communs, les Wibault, industriels du secteur aéronautique qui, ce soir-là, avaient également à leur table quatre hauts fonctionnaires de l'aviation soviétique. Depuis, Antoinette Sachs et Jean Moulin se sont découvert maints points communs, et d'abord une même passion pour la peinture qu'elle pratique en quasi-professionnelle et lui à la moindre occasion, signant ses esquisses, dessins, caricatures et gouaches du pseudonyme « Romanin ». S'étant beaucoup vus et pas moins affichés ensemble à Paris ou sur la Côte d'Azur dont ils raffolent, ils n'ont pas de secrets l'un pour l'autre. C'est donc tout naturellement que, sachant imminente la chute de son cher Paris, Antoinette a quitté sa maison du 133 *bis*, rue de l'Université, pris le volant de sa 11 CV Peugeot immatriculée 9414 RL, et mis le cap sur Chartres.

« Elle était pour moi la grâce même, tête toute bouclée de beaux cheveux, et ce sourire… Elle me regardait avec curiosité, dans mon costume kaki pas quitté depuis Amiens et, bien entendu, avec ce casque auquel je m'étais habituée. Non, je n'avais rien de civilisé et tout du guerrier sauvage, malpropre et malgracieux, et j'étais un peu vexée de son regard étonné, si scrutateur. "Vous aviez l'air si fatiguée, et si farouche pourtant", m'avouera-t-elle plus tard. Mais, chère peintre bouclée, malgré ma simplicité j'avais parfaitement compris ! Notre préfet n'était pas eunuque et son cœur était pris. »

Jeanne a tout de suite rendu les armes devant la beauté. Son béguin secret est d'avance condamné.

« Pour moi, je n'étais pas encore arrivée à cet Amour-là. C'était encore l'humanité, les pauvres, les déshérités, que j'aimais plus qu'autre chose. Et ce bel oiseau apparu dans un temps si troublé apportait l'amour auquel j'étais si sensible sans encore rien comprendre à mon corps. Et il faudra des années avant que ce corps de femme pourtant parfaitement constitué abandonne ce lien uniquement spirituel qui me liait aux humains et sente enfin vibrer quelques cordes charnelles. »

Confidence unique dans les centaines de pages noircies par Jeanne, mais confidence qui trahit un soupçon de regret autant qu'elle témoigne du trouble ressenti. D'instinct, la petite prolétaire a deviné la dimension sensuelle du lien unissant la grande bourgeoise et le préfet. Cependant, sa simplicité, comme elle dit, l'a fait s'illusionner. Jean Moulin n'est pas l'amant d'Antoinette Sachs, il ne l'a pas été et ne le sera jamais. Antoinette n'en a pas fait mystère : « Non, Jean Moulin ne m'aimait pas. Nous avons souvent partagé une maison, parce qu'il le fallait. Pour la façade. Mais nous n'avons jamais partagé une chambre [1]. » Et pourtant, le sexe est bel et bien la pierre angulaire de la façade derrière laquelle ce beau couple cache un double secret. Car elle aime les femmes ; et lui, est-on sommé encore aujourd'hui de ne pas dire [2], penche vers les hommes.

Antoinette bientôt repartie au volant de sa Peugeot chargée de dossiers et de papiers du préfet, Jeanne rumine et rechigne.

« Un jour, il m'appelle : "Petit Boullen, grimpez dans la voiture." J'étais triste et lasse, mais devant son courage, qui aurait flanché ? "Vous savez qu'il faut obéir", me dit-il, assez sombre. "Bien sûr, monsieur le préfet, et vous oubliez de dire : avec joie." Et j'ai ri en prenant place à côté de lui. »

Coller ensemble les affiches avec lesquelles Jean Moulin tente de soutenir le moral de ses administrés rassérène un peu Jeanne. Le 14 juin,

------

1. *News of the World* (USA), interview d'A. Sachs par Jack Miller, 7 mars 1965.

2. Pour l'exception, voir Didier Eribon, *Dictionnaire des cultures gay et lesbiennes*, article « Résistance », par C. Bouchoux, Larousse, Paris, 2003, p. 403.

vers dix-sept heures, il l'emmène à Dreux, sous-préfecture dont il a la charge.

« Il venait d'y avoir un bombardement massif et le sous-préfet avait téléphoné, découragé. Sur la route, nous fûmes arrêtés par un bon soldat noir nous intimant de ne pas passer. Je conduisais ; nous nous arrêtâmes devant cet ordre saugrenu et le préfet, cet homme si compréhensif des cœurs simples, me dit : "Faites demi-tour, mon petit Boullen." C'en était trop pour moi, je me mis en colère et lui dis violemment : "Mais vous êtes fou ! Ce Noir ne devrait pas être là. Il a été oublié par ses chefs, passons outre." Je ne voulais pas faire demi-tour mais, sous la pression de sa main, j'ai enclenché la marche arrière. Il souriait en attendant que ma colère passe, puis, tout à coup, il a braqué le volant en disant : " Filons à travers champs, nous pouvons rejoindre Dreux par la route des voies ferrées." Il n'avait pas voulu choquer ce pauvre Noir. »

A Dreux, le spectacle est horrible. La maternité flambe, la ville est sans eau, l'impuissance est totale. Humainement, il n'y a plus rien à faire, sauf donner quelques ordres avec l'aide du sous-préfet. Au retour, des trains brûlent, harcelés par des avions. Repérés par un Stuka qui pique sur eux et décoche une bombe incendiaire, ils en sont quittes pour la peur mais la voiture est fichue. Une de plus ou de moins, cela n'a plus d'importance, philosophent-ils en repartant à pied. Le soldat noir est resté fidèle à son poste, avec son fusil. Ils l'évitent en passant derrière un bois.

Le lendemain, nouveau bombardement de Chartres, et encore le surlendemain. Au total, ils auront fait six cents morts, près de 6 ‰ des tués de la campagne de France. Les Allemands approchent, il n'y a plus d'espoir. Jean Moulin écrit à sa mère et à sa sœur : « Je ne savais pas que c'était si simple de faire son devoir quand on est en danger. » Le 16 juin, Jeanne note dans son petit carnet des noms de victimes pour avertir les familles. Sous le soleil cuisant, la ville est morne, silencieuse, vidée. Dans l'après-midi, le préfet la rejoint. Même Dreux ne répond plus. « Ils » arrivent.

« "Maintenant, il faut partir", me dit-il. Je me rebiffe, lui dis que je ne peux pas, que je ne veux pas le laisser seul, que je n'en ai pas le droit, que je m'habillerai en soubrette, et alors ces messieurs me prendront pour sa femme de chambre. "Vous ne savez pas de quoi ils sont capables, ce sont des SS. Partez, je vous l'ordonne. Prenez ma voiture et allez à Montpellier. Vous rejoindrez ma mère et ma sœur. Au revoir, je vais m'habiller." J'étais là, dans la cour, le souffle coupé. Il revient peu après, en grand uniforme, ceint de son écharpe tricolore. "Bon, dis-je, je me sauve, mais je veux un tout petit bout de votre écharpe, avant qu'elle ne soit souillée par le regard de ces sauvages." Il en coupe un morceau qu'il me donne, met quelques objets auxquels il tient dans sa Citroën et me dit tristement : "Vous embrasserez ma mère et ma sœur pour moi. J'espère les revoir. Mais il faut tenir, mon petit Boullen." En silence nous nous serrâmes la main. »

En guise de sauf-conduit, le préfet d'Eure-et-Loir a muni Jeanne de sa carte de visite. Elle l'a pieusement conservée, je l'ai trouvée dans la valise beige. Au recto, cinq mots de la main de Moulin, suivis de neuf autres au verso : « Recommande tout particulièrement Mademoiselle Boullen, ma collaboratrice, à l'attention des autorités civiles et militaires. » C'est utile, mais sera-ce suffisant en cas d'ennui ?

A peine la Loire passée sur un pont flottant installé par l'armée pour pallier la destruction de celui d'Orléans, des pandores soupçonneux arrêtent Jeanne à Olivet (Loiret). Papiers du véhicule, papiers de la conductrice, papiers de sa passagère (la secrétaire du service de santé amiénois), inspection de la malle. Qu'est-ce que c'est que tous ces papiers ? ces dossiers ? ces courriers en vrac ? cette caisse de vins et liqueurs ? Et c'est quoi, cette épée de préfet trimballée par cette fille bizarrement fagotée dans un uniforme craspec et qui porte un pistolet presque aussi grand qu'elle ? La carte de visite ne leur suffisant pas, ils appellent la préfecture de Chartres pour vérification. Tout va bien, Jeanne peut repartir, sous le même soleil écrasant et parmi les bouchons dus aux militaires en déroute empêtrés dans une cohue de civils clopinant vers le sud, vers des cieux où les Messerschmitt, les Dornier et les Focke-Wulf ne régneront pas en maîtres. Arrêt à Bourges pour confier à des religieuses une malade recueillie en chemin, départ au petit matin, nuit blanche à Clermont-Ferrand dans la Citroën, nouvelle journée à rouler sur des routes moins encombrées, en compagnie d'un jeune homme allant lui aussi au Puy-en-Velay. Jeanne n'en peut plus, elle dort debout. Un pasteur local l'accueille, son épouse la nourrit et la dorlote. Un bain achève de la désarmer : « J'étais à moitié somnolente dans cette eau délicieusement chaude quand notre hôtesse est entrée, m'apportant un œuf à la coque avec des mouillettes beurrées, oui, des mouillettes beurrées. Je n'ai su que pleurer, pas même dire merci. J'avais l'âme en déroute, ne savais plus même ce que je pensais et vivais seulement, tel un animal oublié par la mort. »

La route, à nouveau. Celle qui mène à Montpellier par les Causses. Au cœur de la grande ville, la foule habituelle baguenaude place de la Comédie, insouciante au point de ne pas réagir à l'approche d'un avion tandis qu'en guerrière accomplie Jeanne s'est jetée à terre. « C'est l'armistice ! », lui rit-on au nez. L'incroyable nouvelle l'assomme. Mais Laure et Blanche Moulin, la sœur et la mère du préfet, confirment lorsqu'elle se présente chez elles. C'est au premier étage d'un modeste bâtiment à double entrée, ouvert d'un côté sur la Grand-Rue, au n° 21, et de l'autre sur le n° 6 de la petite rue des Etuves. A peine le temps de faire la conquête des deux femmes, et Jeanne est déjà repartie.

A Saint-Hippolyte-du-Fort (Gard), les protestants cévenols ont bien retenu l'histoire des dragonnades et des répressions endurées lors de la guerre des Camisards, deux siècles et demi plus tôt. Descendre de parias, ils savent ce que c'est. Et être rebelles, ils savent aussi. Le temple local, le plus grand de France, surmonté par deux clochers, est devenu une base d'aide aux réfugiés affluant de partout et aux soldats perdus. Des Français pour la plupart, mais aussi des légionnaires étrangers, des Polonais, des Belges et même des Britanniques n'ayant pu rembarquer à Dunkerque. Dans le chaos, tous ont mis cap au sud, vers les sentes des Pyrénées et l'Espagne franquiste, ou vers les rades méditerranéennes synonymes de bateaux, de retour au pays et au combat.

En posant le pied à Saint-Hippolyte, Jeanne vient d'entrer dans un autre monde. Car ces Anglais en cavale, ces Ecossais, ces Gallois, ces Irlandais, ces Canadiens ne sont qu'une avant-garde. Des milliers d'autres « Tommys » sont restés bloqués dans le Nord. Recherchés par l'ennemi qui veut les boucler dans ses stalags et oflags, les plus chanceux ont été recueillis par de braves gens. Cachés, nourris, pourvus de vêtements civils, tous caressent le même espoir : rentrer chez eux. Peu à peu, l'entraide spontanée des débuts va s'étendre de la famille aux voisins, s'organiser, se diversifier, se ramifier, trouver des relais de fermes en maisons, former des convois, toucher les villes, gagner Paris, buter sur la ligne de démarcation qui coupe la France directement occupée de celle affermée au maréchal Pétain, dénicher des passeurs sachant où et quand se faufiler entre patrouilles et barrages, trouver dans la zone dite libre les étapes discrètes où le toit et le couvert sont assurés, toucher enfin au but que sont les frontières. Mouvement souterrain, ces réseaux qui deviendront au fil des mois des filières d'évasion souvent pilotées par des agents britanniques sont les premiers germes de la Résistance. Bien des recrues des futurs grands mouvements clandestins y auront fait leurs débuts, tout comme Jeanne fait les siens à Saint-Hippolyte en nouant de précieux contacts méridionaux, en aidant les pasteurs à accueillir le tout-venant des civils aussi bien que des militaires, en travaillant avec eux à collecter l'aide nécessaire à leurs confrères du Nord, en s'offrant à établir la liaison entre les uns et les autres, en repartant pour Amiens. Mais pas sans passer revoir Jean Moulin.

Elle arrive à Chartres fin juin, au volant de la Citroën du préfet et toujours escortée par la fidèle secrétaire du service de santé de la Somme. La ville est calme, les Allemands n'ont même pas arraché les affiches qu'elle avait collées avec Jean Moulin. Il est là, lui aussi. Mais pas comme elle l'a laissé.

« Qu'avez-vous à la gorge ? » s'alarme-t-elle.

Il lui dit l'arrivée des Allemands, le 17 juin. Il raconte les nouveaux seigneurs lui ordonnant de signer un communiqué selon lequel des civils massacrés l'auraient été par des soldats noirs alors qu'ils avaient péri sous le feu allemand. Il relate son refus de cautionner le mensonge, le passage à tabac subi, la nuit dans l'étable où on l'a jeté, la résolution de ne pas céder, l'éclat de verre avec lequel il s'est entaillé la gorge, le sang rouge sur son uniforme noir. Il dit que la plaie cicatrise.

« Je vous attendais, il faut me faire des cache-col. Trouvez du tissu, blanc.

— Blanc ? Mais vous allez ressembler à Laval ! » s'exclame-t-elle, mi-moqueuse mi-sincèrement outrée tant ce Pierre Laval, politicard de la IIIe République devenu homme fort à Vichy, la révulse. Et les Allemands pareil. Lorsqu'elle en croise un dans la cour de la préfecture, elle le salue en anglais. C'est toujours ça de fait, et ça amuse le préfet. Il ne quitte plus son cache-col, se fait même photographier avec. La photo était dans la valise beige, probablement l'a-t-elle prise elle-même. Il se tient debout devant une fenêtre de l'arrière de la préfecture, un arbuste à sa gauche, un massif de fleurs à sa droite. Il a l'air un peu amaigri dans son costume croisé gris. Une main tient l'autre à hauteur de la ceinture. Les plis du pantalon sont marqués. Bien astiquées, les chaussures noires miroitent. Il fait face au soleil.

A scruter aujourd'hui cette image d'un homme, si paisible apparemment et dont le regard sombre fixe le trou noir de l'objectif, on se prend à se demander si elle est celle d'un être faisant déjà tranquillement face aux fusils d'un peloton. Mais on se surprend à se dire que son récent flirt avec la mort pourrait bien lui avoir donné le goût du martyre abouti. Son ami Maurice Viollette, l'ancien sous-préfet de Dreux, s'est interrogé à ce sujet. Il dira, la paix revenue : « Jean Moulin n'estimait pas qu'il eût droit à une mort médiocre. Il venait de faire l'apprentissage du martyre, il fallait qu'il le consommât dans sa terrible plénitude [1]. »

Jours tranquilles à Chartres, le temps de permettre à Jeanne de récupérer de son équipée, jusqu'à ce matin de juillet où Jean Moulin l'autorise à regagner Amiens. « Soyez prudente, petit Boullen. Mais il vous faudra peut-être apprendre à jouer la comédie », recommande l'homme. « Cette fois-là, a noté la femme, il embrassa la secrétaire et moi sur le front. »

Amiens vivote sous la botte. Le Dr Mans a repris son service. En réalité, il profite de ses fonctions pour repérer ceux sur lesquels il pourra un jour compter et pense déjà au moyen de faire du service de santé et de la « défense passive » les cache-misère d'autres fins. Quant à Jeanne, qui a retrouvé son pauvre

---

1. *L'Action républicaine*, 14 juillet 1948.

domicile squatté par un mort inconnu, à peine ses diverses fonctions récupérées et dûment pourvue d'un *Ausweis* délivré par l'occupant, elle délaisse Amiens pour établir sa base à une quinzaine de kilomètres plus à l'ouest, à Ailly-sur-Somme. Le jour, elle réorganise le service, se dépense sans compter au service des patients, aide Alice Rosensthiel à installer une crèche pour les enfants des ouvriers de la filature.

La nuit, c'est autre chose. La région grouille de soldats anglais en cavale et de civils pas moins pressés d'échapper aux nazis. Francs-maçons, syndicalistes, militants communistes, juifs, tous ont besoin de certificats médicaux de complaisance. Jeanne les fait. On a besoin de faux papiers ? Elle en bricole à tout va dans les locaux de la mairie. Besoin de planques ? elle en déniche. Besoin de nourriture pour les Anglais ? le Dr Mans lui en trouve, et Mme Bonnier, l'épouse du préfet, s'y met également, fournissant savon, lames de rasoir, linge. En quelques mois, Jeanne a son réseau de soutien, des gens à l'usine d'Ailly et M. Bonneville aussi, et encore la famille de Vismes, à Vraignes-lès-Hornoy, le Dr Mans et la préfète à Amiens, sans compter un pasteur par-ci, un curé par-là, des infirmières un peu partout. C'est une affaire qui tourne, mais Jeanne va toujours plus loin. Des soldats français prisonniers promis à la détention outre-Rhin ont-ils faussé compagnie à leurs gardes ? Elle se retrouve à surveiller des ponts par où ils pourront passer. Faut-il transmettre des lettres ? Elle s'en charge. Doit-on passer la nuit sur la berge du canal de la Somme ? Elle y est. Des Anglais rêvent-ils de pudding ? Elle en fait. Moulin a-t-il besoin d'elle ? Elle est là. Laure Moulin attestera : « Elle a plusieurs fois franchi la ligne de démarcation avec des messages et documents que mon frère lui avait confiés, notamment des pièces relatives aux exactions et sévices de l'armée allemande en Eure-et-Loir. Je tiens également de mon frère que Mlle Boullen a aidé et ravitaillé des soldats anglais isolés, restés dans la Somme après Dunkerque [1]. »

A ce train-là, elle ne manquera pas d'être bientôt « brûlée », mais elle s'en fiche, elle a un

---

1. Attestation manuscrite de L. Moulin, signée et datée du 24 juin 1951.

plan. Elle connaît justement des aviateurs anglais qui, à l'est d'Amiens, rafistolent en cachette un avion abandonné par leur armée. En novembre, tout est prêt. Jeanne écrira ceci, que l'on n'a pu vérifier mais que, connaissant son honnêteté, on reproduit de confiance : « Je quitte Meaulte avec un avion de la RAF réparé, pars en Ecosse avec trois pilotes RAF (blessés). En décembre, je suis parachutée dans la région de Boulogne (genou démis). Je suis arrêtée par la Feldgendarmerie et menée à la prison de Doullens. »

La citadelle de Doullens, érigée à la demande de François Ier au XVIe siècle et reconfigurée ensuite par Vauban, est une merveille du genre. Plan en étoile et vaste espace fortifié intérieur, elle a servi de prison pendant des siècles. Le révolutionnaire Auguste Blanqui y fut détenu et en 1956 une autre risque-tout, l'écrivain Albertine Sarrazin, y fera un séjour forcé jusqu'à ce qu'elle s'en évade en se brisant l'astragale. Avant elle, des communistes, des résistants et des étrangers retenus à Doullens s'en étaient eux aussi enfuis. Bon nombre avec l'aide de l'éphémère maire du lieu, Edouard Tempez. Quant à Jeanne, c'est un soldat antinazi qui lui permet de prendre la poudre d'escampette. « Ce ne fut pas un exploit. Mon gardien, un Autrichien, m'a aidée et presque flanquée par-dessus le mur. »

Dès lors, plus moyen de traîner dans les parages. Depuis Hangest-sur-Somme où des fermiers la cachent, elle prévient le Dr Mans, récupère des jeunes pressés de changer d'air, un marin anglais, deux Polonais juifs en cavale et M. Bonneville, son ami d'Ailly, qui sent lui aussi le roussi. Et en route ! A Paris, elle passe la nuit chez les filles de Bonneville et repart avec son groupe, non sans s'être chargée de « papiers compromettants » dont ses cahiers laissent floues l'origine et la nature. C'est Noël, il fait froid. Le franchissement de la ligne de démarcation se fait dans une neige épaisse près de Saint-Désert (Saône-et-Loire), un bourg à l'ouest de Chalon-sur-Saône. Laure Moulin s'en est souvenue : « Elle a conduit plusieurs soldats anglais à travers la ligne de démarcation, une fois en plein hiver avec de la neige jusqu'à la ceinture, jusqu'à Marseille où, par ses soins, ils ont pu aller rejoindre des sous-marins anglais. »

A peine arrivée à Marseille, Jeanne va tout droit frapper à la porte du 68, rue de la

République, celle du pasteur Marcel Heuzé et de son épouse. Elle les a connus à Lens, ils sont maintenant responsables du foyer caritatif de la rue Milianah. Sans doute Jeanne les sait-elle en relation avec les organisations qui, depuis l'été 1940, aident les nombreux civils amenés par l'exode sur les quais du grand port. Il est peu probable toutefois qu'elle sache que derrière leurs façades légales ces structures s'occupent en secret des plus menacés, soldats, marins et aviateurs britanniques, antinazis allemands et autrichiens, militants anarchistes, socialistes, trotskistes et communistes, juifs et francs-maçons, artistes et intellectuels. Elles les cachent chez des amis ou les logent dans des hôtels borgnes, leur signalent les changeurs au noir les moins rapaces, leur procurent des papiers d'identité falsifiés et des visas étrangers plus ou moins authentiques, leur trouvent des embarquements discrets ou des guides pour passer les Pyrénées. Ce qui est certain, c'est qu'à constater la facilité avec laquelle les Heuzé prennent en charge les Anglais arrivés avec Jeanne et leur font quitter la France au nez et à la barbe des polices vichystes, elle ne peut pas ne pas deviner qu'il y a anguille sous roche.

Toutefois, les ramifications de la conjuration vont bien plus loin qu'elle ne peut l'imaginer. Les principaux dirigeants des organismes caritatifs sont en cheville avec les services secrets anglo-saxons qui les subventionnent et s'en servent pour la bonne cause. Ainsi Marcel Heuzé a-t-il pour ami intime et plus proche compagnon d'armes le pasteur écossais Donald Caskie. Chef de la Seamen Mission, rue Forbin, c'est en connivence avec l'Intelligence Service que Caskie veille au sort des soldats britanniques. A la tête de la Young Men Christian Association (YMCA), l'Américain Donald Lowrie est pour sa part en relation avec le consul général des Etats-Unis à Marseille, Hugh Fullerton, qui n'a pas ses yeux dans sa poche, ainsi qu'avec Heuzé, lequel travaille fréquemment avec le Comité américain de secours (CAS) de Varian Fry, directement soutenu par la femme du président Roosevelt, et aussi avec l'Unitarian Service Committee (USC). Apprécié au Département d'Etat derrière lequel se profile l'ombre du service secret américain naissant, l'USC présente cependant une particularité, celle d'abriter une colonie de « taupes » soviétiques, l'une d'elles s'apprêtant d'ailleurs à venir diriger l'antenne marseillaise de l'organisation.

A séjourner chez les Heuzé, Jeanne entre dans le cercle des intimes et côtoie la fine fleur des premiers clandestins organisés, tous bien déterminés à agir quel qu'en soit le prix à payer. Outre le curé Maheux et le prêtre Perrin de La Boullaye, disciple de Simone Weill, un des piliers du groupe est le pasteur Charles Roux, qui mourra en déportation, et sa femme Henriette, qui reviendra de Ravensbrück, tandis que leur fils Jacques sera en 1942 le radio du premier réseau américain implanté en France. Gaston et Raymond Vincent, fils du pasteur Aimé Vincent, de Denain (Nord), sont également des fidèles. L'aîné, ancien cadre de la YMCA, comme le cadet, militant chevronné du Komintern et ancien de la guerre d'Espagne, seront tous deux des résistants hors pair et le paieront de leur vie, de même que le meilleur ami des Heuzé, le professeur de lycée Jacques Monod. Issu d'une grande famille protestante, passé par l'Ecole normale supérieure et les Brigades internationales, il est l'une des chevilles ouvrières du cercle des initiés et tombera au combat en juin 1944, trois mois après Heuzé, mort à Dora.

Des protestants qui se battent : Jeanne a trouvé son milieu naturel. Elle y est comme un poisson dans l'eau et la veuve de Jacques Monod s'en souviendra : « Elle a l'indignation généreuse mais percutante et un courage qui dépasse la prudence. Elle nous a amené des prisonniers évadés, des ouvriers du Nord, des soldats anglais, des israélites à qui elle avait fait passer la ligne de démarcation. Avec mon mari, avec le pasteur Heuzé et Mr Lowry (quaker), elle a sauvé enfants et adultes israélites. »

En février 1941, grâce aux Heuzé, elle fait la connaissance d'une de ses collègues assistante sociale, Mme Hochet, qui la recommande à Mme Schneider. Admiratrice du général Giraud, elle n'a pas admis la défaite et connaît d'autres partisans de Giraud, notamment le général d'aviation Jean-Paul Houdemon, chef de la IIIe région militaire aérienne, basée à Aix. Ce qu'ignore sûrement Jeanne, c'est qu'Houdemon doit ses étoiles à Pierre Cot, l'ancien ministre de l'Air dans le gouvernement du Front populaire, qui fut et demeure le mentor politique de Jean Moulin. Et c'est peut-être parce que Jeanne a cité le nom de Moulin lors de son entretien d'embauche à Aix qu'elle a été du jour au lendemain bombardée assistante sociale supérieure à l'état-major de l'Armée de l'Air, avec uniforme, *Ausweis* pour la France entière, emploi du temps confortable et voiture avec chauffeur. Exactement ce qu'il lui faut pour comploter et, d'abord, aller retrouver Jean Moulin.

« Je savais qu'il avait une maison à Saint-Andiol, au sud d'Avignon. Alors, un jour qu'il pleuvait à torrents, je m'y fis amener par mon chauffeur, heureux de cette sortie. Après l'avoir renvoyé à Aix, je cherchai la maison. Jean Moulin y était pour quelques jours. Nous eûmes une très courte conversation et ce que nous nous dîmes n'a pas d'importance, mais j'eus l'assurance qu'il était prêt à tout sans savoir encore comment il s'y prendrait. Il ne m'a rien dit de spécial, sauf que je ne pouvais pas rester plus d'un quart d'heure. J'étais en uniforme de l'armée d'armistice et peut-être a-t-il eu un mouvement de recul. Jamais je ne le saurais, nous n'avons plus pensé à en parler. Je rejoignis Aix par le train. »

Son évidente déconvenue, Jeanne la ravale en se lançant à corps perdu dans ce qu'elle nomme sa « guerre noire ». Car si Moulin ne sait peut-être pas encore quoi faire, elle, elle le sait. Et la voici à nouveau par monts et par vaux. Avec la connivence de sa hiérarchie. « Le capitaine Longévial a compris mon état d'esprit et me facilite la tâche. Le général Mendigal n'est pas dupe, ma présence chez lui l'amuse et le flatte. Est-ce une intellectuelle, est-ce une militaire ? Il comprend vite que je ne suis qu'une patriote. Mais Mme Schneider est mise au courant de la haine que me voue un officier, un manchot. » A cause de lui, Jeanne est punie. Ses quinze jours d'arrêt dans sa chambre seront adoucis par la main anonyme qui déposera chaque matin une boîte de chocolats à sa porte. Quant au général Houde-mon, difficile de trouver plus compréhensif. Ayant vite deviné que sa protestante d'assistante sociale en chef a des activités pas très catholiques, il ferme les yeux sur ses absences invariablement justifiées par des rendez-vous chez un dentiste marseillais.

Lorsque, à la fin de 1941, la commission d'armistice qui siège à Aix voudra s'en prendre à Jeanne, le général Houdemon la protégera de son mieux. Du reste, il n'avait guère le choix. Tandis que son épouse avait offert un pétale de rose à Jeanne comme talisman censé écarter d'elle le mauvais sort lors de ses passages de la ligne de démarcation avec des fuyards, lui, plus pratique, lui avait remis son revolver. En 1951, finissant sa carrière comme gouverneur des Invalides, il lui donnera des nouvelles de sa femme et de ses filles, lui confiant par la même occasion sa satisfaction de « penser que vous avez continué la vie aventureuse, et fait payer aux Boches leurs méchancetés ».

Un jour de mars 1941 (selon elle, mais peut-être en avril ou mai selon nous), Jeanne est une fois de plus à Marseille. Son jeune chauffeur ne trouvant pas la préfecture, elle se renseigne auprès d'un couple de passants. Derrière les lunettes noires de l'homme, elle reconnaît Jean Moulin. « Je n'ai pas le temps d'ouvrir la bouche qu'il dit : "Je suis monsieur Mercier, que cherchez-vous ?" Un fou rire terrible me prend et m'empêche de parler. Enfin revenue de mon ahurissement, je demande : "Pardon monsieur-dame, la préfecture, s'il vous plaît ?" Tous trois nous rions, contents de nous retrouver en zone libre – dite libre. C'est l'élégante Antoinette qui me répond : "Petit comment ? Toujours Boullen malgré cet uniforme de l'aviation militaire ? Alors, petit Boullen, allons prendre un ersatz de café, nous pourrons parler plus aisément." Je pense que nous avons beaucoup de choses à nous dire, je renvoie mon chauffeur. Nous allons sur le cours Belzunce où il y a beaucoup de petits cafés. En cours de route, je l'entends plusieurs fois me dire : "Je ne suis plus monsieur le préfet, mais Mercier. Compris ? Mercier ! Et j'ai mal aux dents. Et vous ?" Moi ? Je suis bien incapable d'être autre chose que Boullen. Comment un nom d'emprunt pourrait-il rentrer dans mon petit crâne d'alouette ? Malgré le sérieux du préfet, Antoinette et moi rions beaucoup, heureuses. »

La conversation roule sur de Gaulle qui, à Londres, parle à la radio. « Je sais, dit Jeanne, mais ce qu'il faut, c'est l'action. Pas besoin de parlotes, mais d'actes sérieux qui ébranlent le moral des troupes allemandes et fassent savoir au monde que nous n'acceptons pas la défaite, que nous ne plions pas sous le joug du vainqueur. » L'ex-préfet l'écoute, avec un sourire un peu ironique. Elle le retrouve tel qu'à Chartres, mais note plus de tristesse dans le regard. « Il était à nous, il nous attendait », écrira-t-elle.

« "Savez-vous si l'on arrive encore à quitter Marseille par la mer ?" demande Antoinette. "C'est fini. La YMCA a encore un bureau, mais plus qu'une employée, une amie. Elle passe toujours du courrier bien que son bureau soit surveillé par des agents de Vichy." Nous allons à l'hôtel où Jean Moulin occupe la chambre n° 26 du Modern Hôtel, sur la Canebière. Il me semble que déjà nous sommes clandestins. On frappe doucement à la porte, Antoinette va ouvrir, un nouveau personnage m'est présenté, le commandant Manhès, lui aussi remercié par le gouvernement de Vichy. Il est juif ; nous nous reverrons quelquefois. La conversation ne chôme pas. A voix basse chacun raconte ce qu'il sait et fait ses déductions. Mais il faut se séparer, je dois rentrer à Aix. »

Le lendemain, ils se retrouvent au même hôtel. A la recherche d'une voie de sortie pour Jean Moulin, on pense à lui faire franchir la frontière espagnole par une petite route des Pyrénées-Orientales. Encore faut-il dénicher un passeur. Qui se propose ? Jeanne, bien sûr.

Elle mise sur son costume d'infirmière militaire pour revêtir l'apparence d'une insoupçonnable fidèle de la prétendue Révolution nationale et compte sur ses papiers officiels pour lui servir de sésames dans la zone frontalière très surveillée. C'est risqué, mais qu'importe. A Perpignan, elle prend le chemin de Prades, tourne à Vinça en direction d'Amélie-les-Bains et, vers Valmanya, tombe sur les forces de l'ordre auxquelles elle se soustrait en se cachant chez le maire de Vinça, un patriote qui sera fusillé par l'ennemi en 1944.

Penaude, Jeanne se rachète de son échec en présentant Moulin à ceux de ses amis et relations capables de l'aider. Elle lui fait rencontrer la très giraudiste Mme Schneider, qui rejoindra son leader à Alger en 1942 et trouvera la mort dans un accident d'avion à l'été 1944. Elle le met en rapport avec ce militant de la première heure du mouvement Combat qu'est Jacques Monod, ce dont sa veuve se souviendra : « C'est grâce à Jeanne Boullen que nous avons connu Jean Moulin. Elle l'a amené un soir. » En lui ouvrant la porte du pasteur Heuzé, Jeanne donne aussi à Moulin accès au réseau des protestants. Notamment au pasteur Caskie, qu'il verra plusieurs fois en compagnie d'Antoinette Sachs, ainsi qu'au responsable quaker de la YMCA (sans doute Donald Lowrie), et à celui de l'USC, le pasteur Howard Brooks. En provenance des Etats-Unis *via* Lisbonne, Brooks est arrivé gare Saint-Charles le 22 mai 1941. Après avoir couru à Genève essayer d'établir le contact avec des agents de l'IS, il a regagné le grand port le 29. Dès le 2 juin, le pasteur Caskie l'a prié d'assurer son intérim pour une petite semaine.

Officiellement mandaté par l'USC, le pasteur Brooks a aussi secrètement reçu l'onction des services américains ainsi que la bénédiction de leurs homologues anglais. Il est chargé d'une double mission, l'une à mener ouvertement, l'autre à conduire clandestinement. La première consiste à enquêter pour le compte de l'USC sur la situation dans les nombreux camps d'internement où Vichy parque les étrangers à ses yeux suspects. La seconde, commandée par les services secrets, est de faire le point sur la réalité de la Résistance en France dont deux éminents Français émigrés aux Etats-Unis assurent qu'elle existe, qu'elle s'étend et qu'elle agit, ce dont Washington et Londres doutent, tout en s'interrogeant sur la couleur politique de cet hypothétique mouvement.

Les services anglo-saxons s'inquiètent parce que les deux Français qui leur parlent de la clandestinité française ne sont autres que Pierre Cot, ancien ministre du Front populaire soupçonné depuis 1933 d'accointances illicites avec l'URSS, et Louis Dolivet, dont le passé d'agent du Komintern est notoire dans les cercles bien informés. Leurs craintes seraient du reste amplifiées s'ils savaient trois choses : que le pasteur Brooks est au mieux avec l'agent soviétique Herta Tempi, qu'il est venu à Marseille préparer l'installation à la tête de l'USC de l'ex-diplomate américain mais agent soviétique Noel Field, que Brooks s'est à leur insu vu confier par Cot et Dolivet une troisième mission : trouver Jean Moulin et établir une liaison secrète entre eux et lui.

Jean Moulin est depuis longtemps l'ami politique et personnel de Cot et Dolivet. Il a été le directeur de cabinet du premier au ministère de l'Air où, en coopération avec des agents des services soviétiques et des militants français pour la plupart cadres communistes, il a géré la fourniture d'avions et d'armes aux républicains espagnols. Quant à Dolivet, Moulin a ouvertement flirté avec son Cercle des Nations, une association en forte odeur de soviétisme, a acquis sa première voiture en compte à demi avec lui, et a durablement partagé la même adresse parisienne, au 26, rue des Plantes (XIVᵉ).

Mais quand le pasteur Brooks s'installe à Marseille, le diplomate chinois sur lequel Cot et Dolivet avaient compté pour mettre leur envoyé très spécial en relation avec Jean Moulin a quitté la France. Qu'à cela ne tienne, Jeanne s'en charge.

« Je suis mise en rapport avec Edouard Broak [Howard Brooks], un Américain venu en mission en France pour rechercher ceux qui pourraient résister aux Boches. Nous nous réunissons au local de l'Unitarian Service. Cet Américain qui a peur de mon uniforme n'est pas très convaincu que les Français sont prêts à la lutte, mais il me suit malgré tout dans les différents milieux qui sont partisans de cette lutte. »

Jean Moulin, dans sa déclaration faite le 23 octobre 1941 au service de sécurité britannique qui l'interroge à son arrivée en Grande-Bretagne, dit avoir été « introduit dans les cercles protestants » de Marseille par une « amie infirmière » en laquelle on reconnaît évidemment Jeanne. Pour sa part, Laure Moulin, dans la biographie de son frère, valide le témoignage de Jeanne selon lequel celle-ci a mis Moulin « en relation avec un pasteur de l'Unitarian Service », qui ne peut être qu'Howard Brooks.

L'importance de la rencontre Moulin-Brooks doit être soulignée. Deux documents sont sortis de leurs entrevues ; ils ont été notamment évoqués par Laure Moulin. L'inventaire de la Résistance rédigé par Howard Brooks a précédé de quelques semaines et largement préfiguré le texte de Jean Moulin sur le même sujet. En octobre 1941, en remettant aux Britanniques et aux gaullistes son « Rapport sur l'activité, les projets et les besoins des groupements constitués en France en vue de la libération du territoire national », l'ex-préfet apparaîtra à Londres comme *le* spécialiste de la clandestinité en France et l'homme le plus apte à l'organiser. Sans l'effet produit par ce rapport, il aurait pu demeurer un illustre inconnu, et peut-être aurait-il mis à exécution son projet, caressé depuis l'hiver 1940 jusqu'au mois d'août 1941, de rejoindre aux Etats-Unis ses amis Cot et Dolivet.

Or sans l'enquête menée par Brooks, notamment grâce à Jeanne, Moulin n'aurait pu rédiger son rapport. Avant de rencontrer Brooks, il devait à Henri Manhès d'avoir quelques vues sur les rares groupuscules clandestins apparus en zone occupée, mais ne savait rien des mouvements de résistance en zone sud, faute d'avoir eu le moindre contact avec Franc-Tireur, Libération et Combat. C'est Howard Brooks, et nul autre, qui, exactement la veille de son départ de France, le 16 août 1941, le mit en relation avec Henri Frenay, le chef de Combat, le plus important des mouvements. Et c'est Frenay, personne d'autre, qui apprit à cette occasion à Moulin tout ce qu'il savait de la Résistance en zone sud : qui était qui, qui faisait quoi, avec qui et où, dans quelle perspective, etc. Et c'est parce qu'il bénéficia de ces informations que l'ex-préfet renonça à gagner New York et décida d'aller à Londres.

Sans Jeanne Boullen, cet épisode véritablement historique se serait peut-être produit. Mais ce qui est certain, c'est qu'il eut lieu grâce à elle, grâce au petit réseau de relations qu'elle s'était constitué et avait mis à la disposition de Moulin. Il n'est pas moins certain que si la suite de la carrière clandestine de Moulin fut ce qu'elle fut, c'est encore un peu grâce à elle, parce qu'il lui avait réservé un petit rôle :

« Je suis chargée d'aller à Paris, dans un café du quartier Saint-Paul où je retrouverai Pierre Meunier, qui se fait appeler Marnier. Il doit me remettre des papiers que je dois transporter à travers la France. Ils doivent arriver à Londres. Le 31 août, je suis de retour et selon mes habitudes j'écris quelques strophes ironiques, sur l'air du *31 du mois d'août* :

Le trente et un du mois d'août
J'aperçus en r'venant d'chez nous
Une foule bruyante sur la Canebière
Qui acclamait le Maréchal
Ç'avait tout l'air du Carnaval.

Et dans Paris au même instant
Ils y fusillent les habitants
Supprimant même les pommes de terre
Pensant ainsi qu'les Parisiens
Deviendront des hitlériens.

Refrain :

Buvons un coup, et tous en chœur
Chantons : les gaullistes s'ront vainqueurs
Les communistes et l'Angleterre
Et zut pour ce cochon d'Hitler
Qui est la caus' de tout' cet' guerre.

Refoulant mon indignation
J'engage une court' conversation
Est-ce pour vous un jour de gloire ?
Non me répondent les Marseillais
Nous restons libres Français.

Refrain

« J'arrive [de Paris] avec tous les papiers désirés et rencontre alors la Dame [Antoinette Sachs] et le commandant Manhès [1] au Modern Hôtel où se décide le départ du préfet Jean Moulin par l'Espagne. Ce que sera la suite, personne ne le sait. Je donne au préfet un petit Nouveau Testament pour qu'il lise les Psaumes de David quand il aura des heures noires. Je lui donne aussi un triangle, insigne de la YMCA, et, tous quatre, nous préparons le voyage. En

---

1. Henri Manhès atteste, le 17 mars 1954, de l'appartenance de Jeanne Boullen à son réseau (Frédéric) comme « agent de liaison de Jean Moulin qui la chargeait spécialement de missions délicates, voire périlleuses (de juin 1940 au 21 juin 1943). Elle aurait dû être inscrite au réseau comme agent P2 mais ne l'a pas été parce que n'ayant pas demandé son inscription en temps utile ».

ce temps-là, l'Espagne et le Portugal n'étaient pas de tout repos. Nous étions tristes, mais nous croyions à la Victoire. Dans quelques jours, sous le nom de Mercier, Jean Moulin quittera Marseille pour la Grande Aventure, comme je m'amuse à dire. J'attendrai son retour en contact avec la YMCA, l'Unitarian Service et le consul de Chine. C'est un fort joli garçon qui transmet des messages par je ne sais quelle combinaison. Il doit me donner des nouvelles, mais jamais il ne pourra rien me communiquer. Je le vois souvent. Le 2e Bureau de l'Armée de l'Air s'inquiète de mes sorties à Marseille et fait faire une enquête. Magnifique ! Je suis la petite amie du consul de Chine, mais ma fidélité à Vichy est parfaite. »

Parti le 9 septembre 1941 pour la Grande-Bretagne, Jean Moulin en revient dans la nuit du 2 au 3 janvier 1942, parachuté non loin de sa maison de Saint-Andiol en compagnie de deux officiers de la France libre chargés de l'aider à mettre en place son organisation, Raymond Fassin et Joseph Monjaret. Peu après, il reprend contact avec Jeanne, à Aix.

« J'étais au foyer militaire, donnant une leçon de français à de jeunes soldats, quand le téléphone a sonné. C'était lui, je l'attendais. "J'arrive", dis-je, sans même penser à demander le lieu du rendez-vous. Nous nous retrouvâmes sur la place des Trois-Grâces, à 15 heures, au café du même nom, presque vide. Il était grave et moi je ne riais presque plus. J'avais oublié les Dix Commandements de Moïse, je mentais et trompais mon entourage chaque jour. Il lui fallait une carte d'alimentation et je devais aller récupérer ses deux compagnons de parachutage. Je retrouverais le premier assez facilement, mais pas le second, à Toulon, et j'ignore comment ils se rejoignirent. Je devais aussi aller avertir la Dame [Antoinette Sachs] de son retour ; elle aussi attendait, anxieuse. Il me demanda si j'étais toujours disponible. "Plus que jamais !" Je continuerais donc à porter du courrier à travers les zones, toujours dans des boîtes à lettres ou dans des garages. Jamais il ne fallait parler, savoir des noms, se faire connaître. Etre une ombre. La grande comédie commençait. »

Laure Moulin confirme : Jeanne « a rempli plusieurs missions de confiance, allant, entre autres, à Toulon, à la recherche d'un chargé de mission parachuté en France, nommé

Monjaret, dont on avait perdu la trace. A Marseille, elle retrouva des jeunes gens du Nord qui avaient fui l'Occupation et qui étaient dans une situation précaire. Elle les aida et les rallia à la Résistance qui s'organisait. C'est ainsi qu'elle présenta à mon frère le jeune [Jean] Choquet, fils d'un chef de division de la préfecture de la Somme, qui en fit un de ses courriers, en résidence à Avignon (ce garçon que j'ai plusieurs fois vu à Montpellier et à Avignon a été arrêté en 1943 et est mort en déportation [1]) ».

Mais Jeanne s'est trop agitée parmi les aviateurs d'Aix pour pouvoir rester plus longtemps parmi eux. Recrutée à la mi-janvier 1942 comme assistance sociale à Privas (Ardèche), elle en repart un mois plus tard pour rejoindre Marseille où Moulin a besoin d'elle. Et elle de lui. Car, aussi discrète fût-elle sur la nature de ses sentiments envers l'ex-préfet, elle a

---

1. Selon les états dressés par Henri Manhès lors de la « liquidation » administrative de son réseau (Frédéric), Jean Choquet, né le 27 janvier 1918, à Amiens, fut agent P2 (permanent) du réseau à compter du 1er janvier 1942. Arrêté le 22 avril 1944, revenu de déportation le 8 mai 1945, il est décédé le 6 octobre 1945. Il est titulaire de la médaille de la Résistance depuis le 21 mars 1947.

cependant noté : « J'imagine un mariage et j'appelle "mon chéri" le préfet Jean Moulin. »

Cet impossible amour, la vie va se charger de le remplacer par un autre.

Toujours aussi bons samaritains, les Heuzé adressent Jeanne à Mme Keller, présidente de la Croix-Rouge de Marseille. Née Renée Schloessing dans une famille de grands industriels de la chimie, elle a un fils, Jean, pasteur, et un autre, Pierre, engagé dans un réseau de renseignement qui sera appelé « Brick ». Jeanne sort de chez Mme Keller assistante sociale de la Croix-Rouge au camp des Milles, près d'Aix-en-Provence.

Coincé entre une pinède, la rivière Arc et les voies du PLM (Paris-Lyon-Marseille), le camp s'étend sur plusieurs hectares et comprend plusieurs grands bâtiments en brique rouge, ceux d'une ancienne tuilerie-briqueterie. Devenu dès septembre 1939 un centre d'internement, le lieu a vu arriver, passer et parfois demeurer quantité de ressortissants étrangers suspects aux yeux de la République et encore plus à ceux de Vichy. Une quinzaine de nationalités européennes y ont été ou sont toujours représentées lorsque Jeanne y est nommée. Allemands et Autrichiens prédominent (75 %), Polonais et Russes viennent ensuite (8 et 5 %). Beaucoup sont juifs. Bon nombre sont des intellectuels et des artistes, dont quelques-uns des meilleurs de l'époque, du peintre Hans Bellmer à l'écrivain Lion Feuchtwanger. Juristes, philosophes, musiciens, acteurs, journalistes, militants et élus socialistes et communistes, anciens de la guerre d'Espagne, antifascistes d'un peu partout, sans oublier une petite minorité de femmes et d'enfants, constituent le gros de cette malheureuse population. Pas fameuses, les conditions de vie aux Milles sont toutefois moins cruelles que, par exemple, celles régnant au camp de Gurs (Pyrénées-Atlantiques). L'alimentation est médiocre et comptée mais ce n'est pas la famine, et les détenus fortunés peuvent pallier les carences en cantinant. Quant au règlement du camp, il est pénible, sans être toujours appliqué à la lettre. Dès le troisième jour de détention aux Milles on peut en principe obtenir une permission pour se rendre à Marseille, notamment pour aller solliciter des visas auprès des consulats étrangers, de l'aide auprès des multiples organisations caritatives, du réconfort auprès de ceux qui ont la chance toute relative de vivoter en cachette. En outre, on peut gagner Aix aisément et y passer quelques heures en liberté, le temps de goûter un peu à la vie avant de rentrer démoralisé au camp. Par-dessus tout, c'est l'angoisse de l'avenir qui étreint les prisonniers. Tous redoutent d'être livrés aux nazis, tous caressent l'espoir d'échapper à un sort qu'ils pressentent funeste.

Parmi les détenus se trouve un jeune Autrichien, Franz Neumann.

Son père, Leopold, était avocat à Vienne et frisait la quarantaine quand Valerie, sa jeune épouse, née Tritsch, lui avait donné, le 3 avril 1920, le fils sans doute tant attendu et qui devait rester unique. Comme tous les enfants chanceux, Franz avait passé son enfance entre le foyer familial, au numéro 70 de la Lange Gasse, l'école primaire et le lycée. Bachelier en 1938, il avait déjà montré un don pour la littérature en écrivant des poèmes et de la prose, non sans accorder une attention grandissante à la situation politique en Autriche et en Allemagne.

Inscrit au Front patriotique, le parti du chancelier Engelbert Dollfuss et de son successeur, le chancelier Kurt von Schuschnigg, il n'en avait pas été un militant actif, et, même après l'*Anschluss*, le 12 mars 1938, l'urgence d'émigrer ne s'était imposée ni à ses parents ni à lui. Sa convocation à la Gestapo de la Morsinplatz un jour de mai 1938 avait changé la donne. Les parents ayant décidé d'attendre sur place leurs visas pour les Etats-Unis, Franz avait pour sa part décidé de partir sans tarder. *Via* Aix-la-Chapelle et la Hollande, il était arrivé en Belgique en septembre 1938. A Anvers, il avait trouvé à se loger chez Analis Van den Bosh, au 63, rue Antoon Van Dyck, puis rencontré des compatriotes et des coreligionnaires exilés. Après avoir collaboré à un hebdomadaire juif édité en flamand, il avait publié le sien durant l'hiver 1938. Jusqu'à l'été suivant, *Unser Weg* (Notre voie) s'était plus spécialement adressé aux réfugiés, après quoi, attendant toujours un visa américain qui ne venait pas, il avait repris le chemin des études en suivant à la faculté d'Anvers des cours de philosophie, de littérature et d'histoire de l'art.

Le 6 mai 1940, le visa arrive enfin. Le 10, il est arrêté. Comme tous ceux qui ont le malheur d'avoir un passeport allemand et sans égard pour le fait que le sien est marqué d'un « J » pour juif, il est interné en tant que possible membre de la « Cinquième Colonne ». Mais la ruée des armées nazies entraîne le transfert des détenus belges en France. Les poèmes de Franz, toujours datés et localisés, permettent de retracer son périple. Le 20 mai, il arrive au camp de Sainte-Livrade (Lot-et-Garonne). Transféré à la fin du mois à Villemur-sur-Tarn (Haute-Garonne), il s'y trouve encore le 6 juin avant d'être convoyé à Saint-Cyprien-Plage (Pyrénées-Orientales) où il se retrouve, au plus tard le 13 juin, parqué avec des républicains espagnols. Victime du typhus, il est admis à l'hôpital de Pau (Basses-Pyrénées) à une date comprise entre le 26 octobre et le 13 novembre 1940. Il en sort le 26 février 1941 pour rejoindre le lendemain le camp de Gurs, dans le même département. Heureusement, son séjour est de courte durée. Le 1er mars, il est dans le train Toulouse-Marseille. Le 8, au camp des Milles.

Le temps de s'installer et de prendre ses marques, il bénéficie d'une permission de sortie, renouvelée le 15, et, le 31 mars, il est à Marseille où sa visite au parc zoologique lui inspire un poème. Le 28 avril, il est de retour dans le grand port, tandis que les 13, 15, 27, 28, 29 mai, il peut séjourner à Luynes, non loin des Milles. Le 30 juillet, en conclusion d'une brève autobiographie rédigée en anglais pour le consulat des Etats-Unis, il demande à rejoindre New York « où mes amis m'attendent et où, après une année et demie d'internement, je pourrai revenir à une vie normale et concentrer toutes mes forces à la poursuite de mes études et à mon travail ».

Peut-être Franz a-t-il fait la connaissance de Jeanne lors d'une de ses permissions à Marseille et en fréquentant les organisations charitables [1]. Ce qui est certain, c'est qu'ils se

---

1. Lisa Fittko, dans son ouvrage autobiographique *Le Chemin des Pyrénées, 1940-1941*, Maren Sell et Cie, Paris, 1985, rapporte, aux pages 261 et suiv., un épisode où apparaît une certaine « Mlle B... ». Brune, spécialiste du passage clandestin de juifs à la ligne de démarcation, c'était « une Française d'une trentaine d'années, une petite personne robuste et énergique » qui « avait des amis parmi les émigrés » et était en relation à Marseille avec « Franz, jeune émigré

côtoient aux Milles depuis la fin du mois de février 1942. Le lundi 23 février, Jeanne est priée d'assister à un spectacle au « Théâtre du camp des Milles ». Le carton d'invitation, joliment peint et décoré par l'un des artistes du camp, précise le thème de la représentation donnée en « Matinne » *(sic)* : « Folklore cubain, espagnol, israélite, tchécoslovaque, hongrois, viennois, rhénan. » Le 25 mars, Franz est de retour à Marseille. Le 9 avril, nouvelle invitation adressée à Jeanne, religieusement calligraphiée au nom de « Mlle Boleyne » *(sic)*, pour un « Concert de musique française », donné à vingt heures, toujours au théâtre du camp. Franz la lui a envoyée avec cette lettre, sans doute sa première, qui sera suivie de beaucoup d'autres :

9. III. 42

Ma Chère Mademoiselle Boullen,
Je m'excuse - ; mais je suis malade.
Pourquoi ? Qui le sait ?

---

autrichien ». Le décès, en 2008, de Catherine Stodolski, la spécialiste de Lisa Fittko dont elle était d'ailleurs parente, ne nous a pas permis de vérifier si « Mlle B... » était ou non Jeanne Boullen.

Hier soir j'ai eu 38° 8 fièvre.
Paludisme ? J'ai pris deux chimies.
Aujourd'hui j'ai 37°
Alors presque guéri. —
Et demain je vous verrai !
L'après-midi à la bibliothèque.

Franz Neumann

(ci-inclus votre dessert [l'invitation])

Un mois et demi plus tard, Jeanne et Franz filent le parfait amour. Le jeudi 23 avril, à dix heures et demie du matin, Franz écrit :

Cheri pipistrelle,
C'est tres difficile pour moi d'ecrire dans cette langue. Je pense a toi. Tu est maintenant deja en route. Reviens bientot !
Ici nous avons eu ce matin la visite des officiers italiens. Pourquoi ? Le mechand loup est la et a beaucoup a faire.
Pour demain j'ai une permission pour Aix. Je va prendre un bain et aller au Casino pour ecouter un Concert. « La valse » (piano).
Mange bien et ne te fatigue pas trop !
J'espere que cette lettre sera deja demain

matin chez toi, pour te dire : Bonjour, ma pipistrelle. Je t'aime.

Si tu me repond, s.v.p. écrire lisiblement. Demain je te recrirai de nouveau.

Ne conte pas mes fautes dans cette lettre. C'est quand même une lettre.

Ma femme, je t'aime. C'est tout !

Ton Franz

Il a vingt-deux ans, elle trente-quatre.

Il est autrichien, elle française.

Il est juif, elle protestante.

Il est poète, elle infirmière.

Ça risque de ne pas être simple.

Surtout qu'il est détenu et elle courrier clandestin. S'absentant souvent des Milles et de Marseille, elle transporte des messages de Moulin dans les deux zones. Quand ce n'est pas à Jacques Monod qu'elle en apporte dans le Midi, c'est qu'elle en livre à Paris à Pierre Meunier et Robert Chambeiron qui, avec Henri Manhès, sont les piliers de la structure mise en place par Moulin dans la zone occupée.

Mais ce qui devait finir par arriver se produit. En mai, Jeanne est arrêtée en passant la ligne de démarcation près de Chalon-sur-Saône.

Détenue quelque temps dans cette ville, un avocat hollandais résidant chez un pasteur suisse de Chalon la sort de prison. La prudence l'oblige maintenant à se tenir à distance de Jean Moulin qui, avec la rigueur qu'on lui connaît en matière de sécurité, l'a certainement exigé. Du reste, sa mésaventure chalonnaise a changé Jeanne. La peur la tenaille. Elle n'ose plus sortir, se sent souvent suivie. Elle qui aime la vérité plus que tout n'en peut plus de cette vie de mensonges. Toujours feindre, toujours raconter des bobards, toujours veiller à ne pas se couper. Jamais de répit. Jamais en sécurité. Jamais de paix.

Un soir de cafard et d'angoisse, elle se confie à Franz. Au matin, elle réalise qu'elle lui en a trop dit. S'il parle, c'est la catastrophe, Moulin arrêté, la Résistance touchée à la tête, l'ennemi triomphant. Elle s'est trahie, elle a tout compromis, elle est coupable. Elle doit le dire à Moulin, qu'elle sait « sévère, dur bien souvent ». Mais le devoir avant tout. Surmontant sa crainte, elle le rejoint à Marseille, lui confesse sa faute. « Il faut supprimer l'homme qui détient le secret », conclut-elle, radicale.

Heureusement, Moulin a le calme des vieilles troupes. Et l'on devine aisément que c'est sur ses conseils qu'elle rentre au camp et reprend la conversation avec Franz. « Il n'a rien compris. Quelle chance ! De plus, il est juif, donc anti-boche. Rien à craindre. Je reste au camp. Le jeune Choquet sera la liaison entre Jean Moulin et moi et nous attendrons ce que fera le poète. Rien ne sort, c'est sûr. »

Cette peur et cet accès de faiblesse de Jeanne ont une autre cause. Elle en prend conscience peu après : elle porte un enfant. L'enfant de Franz.

Les demi-mesures n'étant pas son fort, la solution coule de source : « Et le poète secrétaire ? Eh bien, je l'épouserai. Il est sympathique, et rien, sauf l'âge, ne s'oppose à notre mariage, puisque je ne suis pas raciste. »

Sauf qu'il est prisonnier et sauf qu'il est interdit d'épouser un juif. Les montagnes étant faites pour être renversées – sinon à quoi pourraient-elles bien servir ? – Jeanne s'y attaque, sans imaginer un instant qu'elles lui résisteront. On ne résiste pas à une résistante, surtout si le temps presse.

Et il presse comme jamais. Le 15 juillet 1942, le *Hauptsturmführer* SS Theodor Dannecker, chef de la section IV J (Juive) du SD à Paris et adjoint d'Adolf Eichmann, inspecte le camp des Milles. Flanqué de son séide Ernst Heinrichsohn et du commissaire Jacques Schweblin, de la police française antijuive, il constate la présence de 1 306 juifs étrangers. Qu'on forme des groupes de cent à trois cents, qu'on les expédie à Drancy, et pour la suite, les SS y pourvoiront.

La nouvelle ayant filtré, recoupée par des rumeurs arrivant de toute la France avant d'être confirmées par la BBC aux alentours du 24 juillet, les organisations caritatives de la zone sud s'alarment, interviennent tous azimuts, constatent que rien n'y fait, prennent en charge ceux qui s'enfuient des camps. Aux Milles, le dimanche 2 août, le directeur du camp, Robert Maulavé (évidemment détesté par Jeanne parce que bureaucrate), cède à sa conscience et aux prières de membres du personnel : il incite ses détenus à profiter de leurs heures de quartier libre car « Sait-on ce qui arrivera maintenant ? ». Environ quatre cents d'entre eux prennent la clé des champs. Le 3 août, le camp est bouclé par les Groupes mobiles de réserve (GMR) de l'Etat français et la formation du premier convoi de déportés commence. Franz manque à l'appel.

Envolé le poète !

Sans doute Jeanne n'a-t-elle pas été pour rien dans l'évasion du père de son futur enfant. Elle a eu le bonheur de le retrouver pour la seconde fois à Miramas, le 19 juillet, dans la chambre n° 10 de l'Hôtel de la Mairie, mais il y a lieu de se demander si elle a pu participer directement à son évasion. Elle a rapporté, sans grande précision de date, un voyage susceptible d'avoir eu lieu dans les premiers jours de ce terrible mois d'août 1942 : « Temps des grandes rafles de 1942. Par ordre de Jean Moulin, je me rends à Vichy où j'ai une entrevue avec le Maréchal [Pétain]. Je n'étais pas rassurée, mais j'avais l'habitude de ne jamais rien lui refuser. »

D'anciens camarades de l'aviation de Salon l'ont amenée en avion dans la capitale de l' « Etat français », et elle a exposé à Pétain combien les Marseillais souffrent des mesures prises par l'intendant de police local, le très collaborationniste capitaine de vaisseau Maurice de Rodellec du Porzic. « Le Maréchal a-t-il compris ? Il dit qu'il fera le nécessaire », a seulement noté Jeanne. Rentrée à Marseille, elle retrouve Jean Moulin dans un café, vraisemblablement afin de lui rendre compte.

Mais a-t-elle fait ce déplacement seule ? N'aurait-elle pas plutôt profité de celui de ses amis de la YMCA pour remplir sa mission en se faufilant parmi eux ? En effet, le 4 août, Tracy Strong, président de la YMCA, voit Pétain et lui dit l'émotion de l'opinion américaine au sujet des déportations tandis que Donald Lowrie, accompagné par le père Arnou, représentant du cardinal Gerlier, archevêque de Lyon, remet des rapports détaillés au Dr Ménétrel, médecin personnel et confident du chef de l'Etat, à Jean Jardel, son secrétaire général, et aussi au général Campet, chef de son cabinet militaire[1].

Quoi qu'il en ait été, Jeanne et Franz ont désormais partie liée. Tant qu'à faire, autant procéder dans les règles. « Marions-nous ! » se disent les deux inconscients. Plus prosaïque,

---

1. Voir au Public Record Office (Kew-Londres) le rapport de D. Lowrie, mentionné par Michael R. Marrus et Robert O. Paxton, *Vichy et les juifs*, Calmann-Lévy, Paris, 1981, p. 244 et 368.

Mme Heuzé relate : « Il a fallu les marier d'urgence (chose terrible car on ne pouvait sous l'Occupation marier un juif et une chrétienne). Enfin Marcel [Heuzé] a pu y arriver grâce à des gens compréhensifs à la mairie de Marseille. »

Parfait ! se réjouissent les tourtereaux. Mais quoique ne possédant rien à part ce qu'ils portent sur le dos, ils n'en démordent pas : un mariage sans contrat, c'est pas un mariage. Le 29 octobre, Mᵉ Albert Liautard risque de sérieux ennuis en établissant en son étude de la rue de Rome l'indispensable contrat entre le poète Franz Neumann, soi-disant domicilié à Marseille, 13, rue d'Aubagne, mais en réalité détenu juif en cavale, et Jeanne Boullen, logée chez les Heuzé. Sur cinq feuillets d'un épais papier glacé, le notaire dactylographie dans les règles de l'art un contrat par lequel les deux promis s'accordent pour vivre sous le régime de la séparation des biens : « Les futurs époux contribueront aux charges du ménage, dans la proportion de leurs gains et revenus respectifs. » Ils n'ont pas le sou.

Le grand jour, c'est le 31 octobre. A dix heures cinquante-deux, à la mairie de Marseille, c'est fait : Jeanne et Franz sont unis par Maurice Day, officier d'état civil, en présence du premier témoin, Amalia Cohen, assistante sociale, demeurant 32, boulevard d'Athènes, et de Jacob Stein, employé, 5, rue de la Roseraie. Tous ayant dûment signé, l'affaire est dans le sac. Et les jeunes mariés peuvent aller se faire tirer le portrait chez le photographe. Franz est en chemise blanche et nœud papillon sous un veston foncé orné d'une pochette blanche. Jeanne porte un chemisier blanc à grand col pointu, fermé par une broche ronde et dorée. Ils se regardent yeux dans les yeux, souriants. Elle a l'air très émue, et plutôt empruntée. Sous son épaisse chevelure brune partagée par une raie tracée au cordeau, lui affiche un bon gros sourire légèrement étonné. Pas de doute, ils sont heureux.

Mais on ne vit pas lontemps d'amour et d'eau fraîche. Grâce à une collègue assistante sociale, Mme Giraud, chef du service des maladies vénériennes à la préfecture des Bouches-du-Rhône, Jeanne trouve un emploi :

« Assistante sociale de l'hôtellerie à Marseille, je peux repérer les différentes possibilités de se cacher, ainsi que les lieux les plus sûrs ; le commissaire Tudescq me connaissait bien. Mais le président de l'hôtellerie de la ville est méfiant. J'attends mon premier fils, et comme j'ai gardé mon nom de fille, j'ai l'air d'être une fille-mère. Un jour, il me fait savoir que cela l'empêche de me garder dans son service. Ne pouvant rien dire de mon mariage, je rougis et quitte son bureau. Demain, je serai ailleurs, cachée chez les Heuzé. »

Tout va bien jusqu'à Noël. Sans doute est-ce l'invasion de la zone dite libre, le 11 novembre, qui pousse sagement Jeanne et Franz à se mettre au vert en allant séjourner quelque temps dans l'Aude, chez Jacques Monod et son épouse : « Nous les avons vus arriver, ici, à la campagne. Il leur fallait quitter Marseille quelque temps. Elle attendait un enfant, moi aussi. C'était un rayon d'espoir en des temps désespérés. »

L'alerte passée, une fausse carte d'identité permet à Franz de vivre assez tranquillement en regardant s'arrondir le ventre de sa femme et en se languissant lorsqu'elle s'absente pour aller livrer des messages de Moulin : « Je veux que tu reviens. J'ai un grand desire après toi. Et au surplus je ne peux pas écrire des lettres dans cette langue. Merde alors ! Tu es maintenant ma femme et nous doivons être une seule chose – tous les deux. Approche-toi toujours plus de moi. Reste près moi toujours, même quand je serai mechant une fois. Croive moi que je t'aime et que j'ai maintenant besoin de toi pour ma vie, pour mon avenir. Dans ma vie, tu es le commencement d'une étape tout a fait nouveau. A toi, je reviens toujours. Tu es ma femme, tu es mon chez moi, tu es ma vie. Je t'embrasse, je t'aime !! »

Le 30 décembre 1942 Franz échoue au Palais de justice de Marseille. Ses faux papiers n'ont pas résisté à une vérification surprise. A dix-huit heures, il réussit à alerter Jeanne par un mot griffonné au crayon : « Chérie, prends un avocat. Viens me voir en prison. Demande au juge d'instruction palais de justice dans quelle prison je suis. Je pense toute le temps a toi. Sois courageuse. Tout ira bien ! Mille baisers. Apporte petit paquet avec linge, serviette, savon, etc. A manger. »

Il est à la prison Chave, située sur le boulevard marseillais du même nom. Et, bien sûr, Jeanne accourt, se bat, active ses réseaux, remue ciel et terre. Rien à faire. Il ne reste plus à Franz qu'à prendre son mal en patience et à raconter à Jeanne sa vie carcérale. Sous le numéro d'écrou 2781, il partage la cellule 36 de la 1re section avec un Russe blanc, qui est comme un enfant, un jeune Espagnol, qui a eu à peu près la même vie que lui, un marin, qui a navigué sur toutes les mers, un jeune orphelin, devenu bandit, des messieurs et fils de bonne famille, arrêtés pour marché noir, plus des rôdeurs, des petits voleurs et quelques clochards. Tout cela, se console Franz, enrichit sa connaissance des types et caractères humains. Et il ne s'en plaint pas : « mes souffrances sont les moyens avec lesquels je paye ! » Mais le cafard s'installe : « Mon père et ma mère – où sont-ils ? Encore en vie ? La sœur de mon père est en Pologne. Son fils, mon cousin, que j'appelle toujours mon frère, est en Russie comme réfugié polonais. Le frère de ma mère est Nouvell-Zeeland (près d'Australie) ; il était avocat à Vienne, il est maintenant portier ! La sœur de ma mère avec sa famille (mari et mes deux cousins) est au Bresil./ Mon grand amour – appelée ma sœur est en Columbie (Amerique du Sud)./ Ma maîtresse de Belgique est à New-York./ Ma maîtresse spirituelle en Angleterre./ Des amis, j'en ai plus. Le seul – le compositeur – où est-il ? Mais il me reste une chose, qui vaut autant que toutes les autres ensemble : ma femme./ Que Dieu me la garde bien et nous laisse encore vivre ensemble des jours heureux et fertiles. »

Le 5 février 1943, Jeanne met au monde un garçon, Samuel Henri. « Je me souviendrai toujours, écrira Mme Heuzé, être allée chercher la maman et le bébé pour aller à la prison le présenter à son père à travers les barreaux. » Le papa est aux anges, et même tellement que, le 17 février, il annonce à Jeanne que, dans ses rêves, il parle français : « Voilà où j'en suis ! Heureusement que mon fils parle déjà ma langue. » Un mois plus tard, il fait des projets : « La famille, la poésie et la politique joueront les rôles principaux. » Un accès de réalisme l'amène cependant à préciser : « Nous marchons vers notre avenir. Attention en route ! » Le 25 mars, la route passe par la VIe chambre du tribunal correctionnel de Marseille. Pour avoir fait usage d'une fausse carte d'identité de Français et avoir, étant étranger, dissimulé son identité véritable, Franz est condamné à trois mois de prison ferme, tandis que Jeanne, inculpée pour avoir fourni les faux papiers, écope de la même peine, assortie du sursis vu son état de jeune maman et son passé irréprochable. Bien que la peine prononcée couvre la durée de la détention préventive, Franz n'est pas libéré. Il est transféré au Brébant. Située avenue des Chartreux, à Marseille, c'est une prison pour étrangers évadés ou sévèrement sanctionnés. Franz y broie du noir : « Si loin que je regarde, écrit-il le 23 avril, c'était toujours ainsi pour moi : il me fallait éprouver une chose jusqu'au degoutement (Est-ce que je va ainsi mourir un jour degouté de la vie ?) Il me fallait rester encor 6 mois avec Hitler en Autriche. Il me fallait subir toutes les humiliations, qui étaient réservées aux juifs. Il me fallait me voir privé de toutes les droits, qui m'ont fait la vie agréable à Vienne. On me laissait plus rentré dans les si belles parcs, ni dans les theatres, ni dans les concerts. J'étais privé des moyens d'existence, exposé aux méchancetés de la famille de ma mère (Quelle drôle d'accident : cette nuit j'ai rêvé que la sœur de ma mère, chez laquelle j'ai mangé le dernier été à Vienne, m'a denoncé à la Gestapo parce que j'étais caché, revenu à Vienne pour voir mes parents. Mon père était hors de soi de joie, ma mère était en train de jouer bridge et tres mecontente parce que je la derangeais. Il fallait que j'attendrais jusqu'à ce qu'elle avait finie la partie./ [Ça c'est l'écho de ma visite chez toi : tu étais occupée avec Sam et tu m'embrassais seulement d'heure plus tard. Dans mes reves, ma mere et toi exchangent souvent leurs caractères. Presque toujours tu agis dans leur marque. Pour la premiere fois j'ai revé de toi reelement avant-hier – c'était plustot du bouton de ta poitrine que j'ai revé, lequelle j'ai chatouillé.]) »

Le mardi 27 avril 1943, Franz est déplacé au « camp de passage, Groupe des travailleurs étrangers, n° 167 du 4ᵉ groupement, à Saint-Jérôme ». Ayant entendu dire au Brébant que l'on pouvait obtenir des permissions en graissant la patte de certains personnages, il tente sa chance à peine arrivé. Soumis au chantage des nommés Hirsch et Bercovici, il leur donne 1 500 francs en échange d'une permission pour la nuit, obtenue dans la journée. Mais l'affaire tourne au vinaigre, Franz n'étant pas rentré à l'heure dite. Voici sa version :

« Le 30 avril, écrit-il aux autorités, ma femme avait à faire un petit voyage et, pour garder et soigner notre enfant, ma présence à la maison était nécessaire. J'ai conseillé à ma femme d'aller demander directement au Groupement une prolongation de la permission exceptionnelle. Elle y est allée et l'a demandée. On lui a répondu : "Il faut que votre mari vienne la demander au camp." Alors ma femme répondit : "Ça coûterait trop cher." Elle était tellement indignée que ces mots lui avaient échappé. »

Le trafic ainsi révélé par Jeanne fait du bruit et risque de coûter cher à Hirsch et Bercovici. A force de supplier Franz de leur sauver la mise, ils le convainquent d'écrire au commandant du camp. Le 1ᵉʳ mai 1943, Jeanne veillant manifestement au style et à l'orthographe, il signe cette lettre :

« Veuillez, Monsieur, regarder cette affaire d'un œil bienveillant. D'abord, c'est moi qui avais tort de croire pouvoir régler ma situation avec de l'argent, mais c'est surtout l'amour pour ma famille qui m'a poussé dans cette direction. Et aussi, j'avais vu, pendant les trois années passées dans différents camps, tant de choses malhonnêtes (que ma femme, comme Française, peut mieux expliquer que moi) que je ne trouvais plus cette façon d'agir extraordinaire. Ce sont les déformations d'esprit acquises par cette vie de moitié prisonnier. [...] Vous savez bien, Monsieur, que le sort des étrangers est encore pire que celui des Français. C'est vraiment tomber d'une misère dans l'autre, sans avoir fait au commencement du mal à personne et alors que je pourrais vivre dehors, sans gêner personne, en écrivant mes poésies, avec ma famille. Tout cet accident est une conséquence de ce temps. »

L'affaire ainsi réglée, Franz évite ce qu'il redoutait le plus : être renvoyé à Gurs ou au camp du Vernet (Ariège), d'où des convois partent aussi pour Drancy et l'Allemagne. Pour autant, son espoir de recouvrer le genre de liberté dont, écrit-il à Jeanne, bénéficient « des milliers de juifs étrangers en quiétude à Nice et ailleurs par là-bas, où on peut encore vivre en règle car les Italiens sont pas méchants », est cruellement déçu. Peut-être suite aux démarches effectuées par Jeanne auprès de Me Marie-Thérèse Bruel-Isnard, 3, cours du Vieux-Port, à Marseille, dont Franz lui a donné le nom et l'adresse en assurant que cette avocate « a beaucoup d'influence à la préfecture et règle pour 3 000 francs les papiers », Franz échoue courant mai au camp des Mées.

Les Mées est un village tranquille sur la rive est de la Durance, dans les Alpes de Haute-Provence. Moins d'une centaine de travailleurs étrangers y sont entassés dans une maison bourgeoise avec chauffage central. Quelques jours plus tard, il est envoyé vivre de l'autre côté de la rivière, à Peyruis, un bourg aux abords duquel les premiers maquisards profitent du relief et des bois pour commencer à s'organiser.

Les archives de Jeanne et les documents de Franz ne permettent pas de savoir si la nouvelle affectation de celui-ci est une simple assignation à résidence, une peine de travail forcé, ou une faveur. Seule certitude, il ne s'installe pas à Peyruis mais à deux ou trois kilomètres, au lieu dit Pra-de-l'Intra, une ferme isolée et en fort mauvais état dont il ne sort que pour aller se ravitailler au village.

Pendant ce temps, Jeanne s'est débattue pour survivre. Plus de travail et plus d'argent, un bébé à nourrir et un mari à soutenir. Heureusement les amis et amies sont là, fidèles. D'abord aidée par Mme Keller, de la Croix-Rouge, elle a été recueillie quelque temps par Mme Schneider, plus que jamais giraudiste, avant d'aller trouver un refuge discret à Cuxac-Cabardès (Aude), chez M. Rives, pas moins actif que son gendre, Jacques Monod, dans le premier réseau monté en France par Frederic Brown, agent du service de renseignement et d'action américain, l'OSS. De là, Jeanne est repassée par Marseille et y a réussi un nouveau tour de force, une folie si l'on pense aux conséquences que pareil geste aurait pu avoir. Remuant ciel et terre, elle a déniché le dernier officiant juif et fait circoncire son fils. « La liberté des âmes, celle qui ne gêne pas autrui, est quand même victorieuse », notera-t-elle.

Mais la précarité à laquelle Franz et elle sont désormais condamnés lui saute aux yeux. Comment assurer à Peyruis la sécurité et la santé du petit Samuel ? Il faudrait qu'une bonne âme l'accueille, l'élève comme son propre enfant, le protége de la malveillance et surtout des antisémites enragés, bien capables de dénoncer un bébé juste parce qu'il a été circoncis. Jeanne ne voit qu'une solution : sa fidèle amie d'Ailly-sur-Somme, Alice Rosen-sthiel. Au premier SOS reçu, la brave femme accourt à Marseille, prend l'enfant en charge, le ramène chez elle. Blond aux yeux bleus, Samuel vivra sans ennui à Ailly jusqu'à la Libération ; la soixantaine venue, il viendra rendre hommage à Alice [1].

Début juin 1943, Jeanne s'installe au Pra-de-l'Intra. Peu après, Jean Moulin est de passage. Elle situe leur dernière rencontre « la veille » de l'arrestation de l'ex-préfet.

En réalité, c'est le 18 juin, trois jours avant le fatidique 21 juin 1943, qu'elle a pu le voir. Le jeudi 17 juin, il était en effet passé à Nice d'où il avait écrit une lettre à sa mère et à sa sœur ; et il arrivera le 18 au soir à Saint-Jean-de-Sault, où il assistera dans la nuit au parachutage de deux agents envoyés d'Alger par l'OSS, Frederic Brown et Jean-Jacques Dreyfus, au lieu dit Champlong. C'est à soixante-dix kilo-mètres de Peyruis et, à l'époque, il fallait deux heures pour parcourir cette distance en voiture, par les routes départementales. Pour rejoindre Peyruis, Jean Moulin avait eu deux solutions.

---

1. Voir *Le Courrier picard*, 7 mars 1996.

S'il arrivait de Nice, il a pu prendre le célèbre « train des pignes », un autorail à voie étroite qui allait tous les matins à Digne, puis emprunter un car pour faire les vingt derniers kilomètres. S'il arrivait de Marseille, il a pu arriver directement en gare de Peyruis grâce au train partant de la cité phocéenne à 6 h 52 et arrivant à 10 h 56.

Jeanne a seulement noté : « Nous nous rencontrons près de la gare. Jean Moulin était inquiet et sentait qu'il y avait quelque chose qui n'allait pas. Je lui dis : "Mais partez à Londres !" Je savais qu'il devait y retourner. Il partit, sombre, et il me sembla plus accablé qu'à l'ordinaire. Je ne sus que bien plus tard, par sa sœur, qu'il avait été pris. Il ne pouvait y avoir eu que trahison, mais était-ce possible ? »

On doit prendre au sérieux l'essentiel du témoignage de Jeanne. A l'époque où elle écrit ses souvenirs, personne à part elle ne parle de la présence de Jean Moulin dans la région au cours des journées ayant précédé son arrestation, et il faudra attendre 1998 pour qu'elle soit rendue publique par l'auteur de ces lignes, dans *Les Secrets de l'affaire Jean Moulin*, avant d'être établie sans conteste en 2007, dans mon *Présumé*

Jean Moulin. De même n'apprendra-t-on qu'en 1993, avec la parution des Mémoires de Pierre Meunier [1], qu'il avait proposé à son ami Jean Moulin de lui faire quitter rapidement la France. Enfin, sauf à avoir suivi très attentivement les suites policières et judiciaires de l'affaire de Caluire entre 1945 et 1950, ce que Jeanne n'a pu faire puisqu'elle avait alors émigré, rarissimes étaient ceux à savoir combien Moulin était inquiet dans les jours ayant précédé la réunion fatale, au point d'avoir pris la précaution de rapporter de Nice ou de Marseille un certificat médical censé lui servir d'alibi au cas où la réunion de Caluire tournerait mal.

Un mois après l'arrestation de Jean Moulin, la mairie de Peyruis délivre une nouvelle carte d'identité à « Jeanne Neumann, née Boullen, domiciliée à Peyruis ». Elle signe Jane.

Le même 22 juillet, Laure Moulin lui écrit. Attentive à ne rien dire de compromettant, elle répond à une lettre de Jeanne :

« Il y a quelque temps que je voulais vous écrire mais j'avais égaré votre adresse et j'attendais que vous me l'envoyiez à nouveau. Je suis

---

1. *Jean Moulin, mon ami*, Editions de l'Armançon, 1993.

peinée d'apprendre que vous êtes souffrante et que vous avez dû vous séparer de votre poupon. Je comprends que cela a dû être dur pour vous, mais il le fallait pour votre santé à tous deux./ L'air et le calme de la montagne, le repos, les bons soins de votre mari ainsi que votre courage et votre bonne humeur auront bientôt raison de l'état déficient dans lequel vous vous trouvez./ En attendant de vous envoyer un petit colis par la poste, voici un mandat de 2 000 francs pour vous permettre de mieux vous soigner. Je vous enverrai encore quelque chose le mois prochain. [...] Nous allons tous bien mais mon frère nous donne rarement des nouvelles depuis que la peinture l'absorbe à nouveau./ Maman vous envoie ses amitiés et vœux de prompte guérison./ Veuillez présenter mes salutations à Monsieur Neumann et croire à mon affectueux souvenir. »

Dès lors, et jusqu'après la Libération, Laure Moulin ne cessera de soutenir Jeanne et les siens. Chaque mois, elle enverra un mandat, jamais inférieur à 1 500 francs [1], le plus souvent du double et parfois de 4 000 francs. Elle

---

1. C'était le salaire moyen d'un ouvrier ou d'un employé.

précisera, en octobre 1944, avoir prélevé ces sommes sur celle confiée par son frère, indiquant aussi que, même s'il n'en reste maintenant plus grand-chose, elle continuerait à aider Jeanne.

Dans le courant de l'été 1943, Jeanne est nommée assistante sociale du secteur de Castellane avec domicile à Saint-André-les-Alpes, un bourg situé à soixante-dix kilomètres à l'est de Peyruis. Bien trop loin de Peyruis pour continuer à vivre au Pra-de-l'Intra avec Franz. Esseulé, il écrit en français ces quelques mots, le 12 août : « Ô bonheur, que tu es loin ! » Le 4 novembre, il signe son premier poème en français :

> *Le chemin*
> *De l'homme*
> *Vers la vérité*
>
> *Va*
>
> *De l'appel dans le trouble*
> *A la solitude*
> *Et monte*
>
> *De la solitude*
> *A la maîtrise.*

Ce chemin
A travers les obstacles
S'appelle :

La lutte.

Depuis octobre 1943, Jeanne se sait à nouveau enceinte. Sa santé laisse à désirer et peut-être souffre-t-elle alors des premiers symptômes du diabète qui ne la lâchera plus. Franz va bien physiquement, mais mal moralement. Enfermé dans sa solitude, il explose en lisant un courrier adressé à Jeanne. Il vient de Mme Toureille, l'épouse du pasteur Pierre Toureille qui, après avoir officié à Prague, représente à Lunel (Hérault) le Service d'accueil des réfugiés du Conseil œcuménique et déploie une grande activité en faveur des internés dans les camps et les Groupes de travailleurs étrangers dont Franz fait officiellement partie. On ignore pourquoi, mais Mme Toureille a informé Jeanne par cette lettre que l'on veut avoir affaire seulement à elle et pas à Franz. Se sentant rejeté, il rejette les amis et relations de Jeanne. Et elle avec. Il lui écrit, le 10 décembre :

« C'est très bien que de temps en temps les gens me rappellent où je suis et qui je suis ! Car ton amour pour moi n'a qu'un but – c'est de me le faire oublier. Mais ce n'est plus possible ! [...] Et ne me dit pas maintenant que j'ai une haine farouche contre tout ce qui est protestant. Tous les pasteurs ont eu la même attitude envers moi – jalousie [...]. Tu m'as enveloppé avec ton amour et m'as fait croire qu'il y a aussi un monde de gens qui s'intéressent à moi. Non, ma chérie, c'est parce qu'ils trouvent très curieux que Jane Boullen soit mariée. "Avec qui donc ? Ah, un poète, un youpin. Très intéressant." Et c'est tout. [...] Que je t'aime moins est juste, car je redonne beaucoup de moi-même à mon art et à moi-même. [...] Je suis seul de nouveau, tout à fait seul, et si je te repousse des fois c'est pour ne pas oublier cette solitude. J'en souffre, mais j'en suis aussi content. [...] Et dans de telles circonstances je suis égoïste à 100 %, car je suis mon destin et je marche sur le cœur même de mes proches. Car tout se développe pour une action plus grande. Et c'est le but alors qui compte seul. Sois heureuse quand même. »

Le 31 décembre, Franz écrit un autre poème en français. Un poème touchant. En l'envoyant à Jeanne, il précise que la quatrième strophe la concerne :

C'est l'hiver et je suis seul.
Oui, il faut être seul en hiver.
Je suis seul avec ma solitude.
J'ai les livres, la terre et le monde de mon âme.
Et aujourd'hui ce n'est personne que je réclame…

La dépression de Franz continue. Sa lettre du 15 février 1944 à Jeanne est sombre : « Mon épouse, c'est extrêmement triste mais je ne peux vous envoyer aucun mandat, n'ayant reçu ni d'Antoinette [Sachs ?], ni de votre coiffeuse [?], ni de Montpellier [Laure Moulin], la moindre somme. […] J'ai mon lit, j'ai mon repos, j'ai une certaine liberté – et je ne suis pas content quand même. Et aujourd'hui ce n'est même plus ta faute. Quand tu es là je suis un peu content, mais ta présence me rappelle aussi comment elle est insupportable à la longue, alors je me résigne – et tu pars de nouveau. […] Quatre ans de France = quatre ans sans liberté d'un jeune quand il avait 20 ans, et 21 ans, et 22 ans, et

23 ans – et 24 ans. Oui, j'ai bonne mine, quelquefois si bonne mine que je ne peux pas dormir parce que l'amour charnelle me manque – et je suis l'homme le plus heureux du village et le plus riche... et quoi encore ? Et que serais-je encore ? Moi – le juif – poète de Vienne – le père ? »

Avec le printemps 1944, Franz va moins mal. Il « lit en amoureux un livre sur le sionisme » et espère « voir naître notre N° deux ». Dans cette perspective, il autorise Jeanne à prendre ce qu'elle veut de l'argent envoyé par Laure. Voulant permettre à Jeanne de payer sa chambre à la maternité de Sisteron tout en améliorant son ordinaire de jeune mère, la fidèle amie a envoyé 4 000 francs.

Le 27 avril 1944, Franz Léonard vient au monde. Le 15 mai, Jeanne note dans son minuscule calepin de l'année 1944 : « Arrestation Franz. »

Depuis qu'à l'automne 1943 l'Italie avait changé de camp, ses troupes d'occupation dans le Sud-Est avaient cédé la place aux Allemands. Constatant depuis le début du printemps 1944 la prolifération des maquis et la multiplication des parachutages d'armes, enregistrant de plus en plus de sabotages et d'attentats, voyant leurs collaborateurs français étrillés et abattus, les troupes hitlériennes de la région faisaient montre d'une agressivité croissante doublée d'une brutalité renforcée par leur peur d'un débarquement allié en France, des rumeurs le situant parfois sur la Côte d'Azur. Dans cette atmosphère tendue, une bande de truands marseillais passés au service de la Gestapo et dirigés par l'infâme trio des frères Palmieri s'était spécialisée dans la chasse aux juifs, de préférence riches. Le 29 avril 1944, le gang avait opéré à Forcalquier, puis à Castellane. Le 3 mai, ils avaient continué par Digne et Peyruis. Après avoir raflé quatorze juifs domiciliés dans la première ville, ils étaient venus arrêter M. Orgias dans la seconde. Sa femme, secrétaire de mairie et maîtresse d'Altmeyer, un chef allemand local, l'avait dénoncé. Arrêtée à la Libération, promenée nue dans les rues de Peyruis, condamnée à mort puis graciée, elle sera extraite de la prison de Digne par une foule hors d'elle. Littéralement traînée au champ de tir, elle y fut exécutée avec un autre collaborateur.

Fort heureusement, Franz avait pu échapper aux Palmieri. Connaissant Peyruis comme sa poche, il s'était faufilé de ruelle en ruelle et était allé se cacher au Pra-de-l'Intra, en compagnie du maquisard malade que Jeanne soigne. L'alerte a été chaude, mais elle est passée.

Cependant, tandis qu'à Sisteron Jeanne convainc un médecin de circoncire son nouveau bébé (« Quelle victoire ! Quelle folie ! Quelle fronde ! » note-t-elle), ça tourne mal pour Franz.

Dans la nuit du 14 au 15 mai, suite à un renseignement recueilli à Digne, à l'Hôtel de la Mule blanche, l'occupant retourne à Peyruis. En force, cette fois. Ils sont cent à trois cents hommes, qui mettent des fusils-mitrailleurs en batterie sur les hauteurs ainsi qu'aux sorties nord et sud du bourg. On entre à Peyruis, on n'en sort pas. Le résistant Louis Jourdan est arrêté, sa femme également, qui est institutrice, et son neveu, Edmond Moutte, lui aussi résistant. La population est rassemblée à proximité de l'école. Après avoir pris un jeune soldat français, les Allemands ne trouvent à ajouter à leur tableau de chasse qu'« un jeune

juif allemand qui se cachait dans les vieux [1] »
C'est Franz Neumann.

« La secrétaire de mairie nous a eus, écrit Jeanne. Mon mari a tout de suite compris. De l'essence attendait dans les campagnes, Peyruis serait probablement brûlé. Il se rend aux Allemands, explique qu'il est juif, qu'il vivait avec une femme, une P…[utain] qu'il avait ramenée de Marseille, qu'elle est partie, il croit savoir, dans le Nord. »

Etre arrêté trois semaines avant le débarquement en Normandie, c'est jouer de malchance quand on a si bien réussi à passer entre les gouttes pendant trois ans. Mais être pris à cet instant en tant que juif, c'est en toute certitude être envoyé à la mort dans les camps d'extermination allemands.

Sauf miracle, Franz Neumann est perdu.

Et son dernier périple commence. Aussitôt embarqué, il est conduit à la villa Marie-Louise, siège de la Gestapo de Digne. Interrogé par le lieutenant SS Müller, il n'est pas maltraité

---

1. Voir Jean Garcin, *De l'armistice à la Libération dans les Alpes de Haute-Provence. La Résistance, chronique*, 2ᵉ édition, s.l. (Imprimerie Vial, Gap), 1990, p. 279-281 et 288.

avant d'être emprisonné, fin mai, à la prison allemande. « Les cellules sont sombres, écrit-il à Jeanne le 1er juin. Des planches devant les fenêtres empêchent le jour d'entrer. L'air est lourd et malsain. Deux fois par jour, on sort dans la cour. Là, au moins, il y a de l'air, mais à midi le soleil brûle fort. On a compris que nous ne sommes pas des criminels. On nous traite même de temps en temps comme des Messieurs. Il y a de tout ici. Réfractaires, jeunes, "terroristes", vieux "chefs", simples paysans qui sont dans les affaires de "parachutages". Tout ça pêle-mêle. On nous fait souvent changer de cellule. Une fois nous sommes deux, une fois trois ; maintenant nous sommes dix. Les jours passent. La Gestapo ne travaille pas trop vite. De temps en temps, on vient en chercher un pour "l'interroger". Il revient le soir, souvent "très fatigué". On ne libère pas, on envoie vers Marseille, aux Baumettes. Les paysans sont malheureux. On a brûlé la ferme de l'un, on bat l'autre, un jeune a le nez cassé. D'autres y passent et reçoivent seulement des bleus, ou on les menace seulement. Les sentinelles font leur garde. Elles en ont assez de tout. Ils en ont marre. Ils ne sont pas méchants. Les autres jouent aux cartes, ils blaguent – toujours les mêmes choses. Les jours passent. »

Une dizaine de jours après le débarquement des troupes américaines et britanniques au pied du Cotentin, Franz est transféré à la prison d'Avignon. « C'est la caserne des STO, écrit-il le 17 juin. Nous avons quitté Digne à 3 h 20 et sommes arrivés ici à 9 h du soir. Il y avait un car et cinq camions. Moi j'étais, comme "dangereux", sur le camion ouvert. Voyage *via* Les Mées, où on m'a vu (le cantonnier, et autres). Peyruis où la population m'a salué. Forcalquier et Apt étaient assez agréables, mais le mistral soufflait. Nous arrivâmes d'abord à la caserne des Allemands où on nous désigna comme "terroristes". Il y a des vieillards de 75 ans parmi nous ! Nous sommes 56, même une jeune fille de Versailles. Le soir, la Gestapo est revenue et nous a mis ici, où nous sommes gardés par des gardiens de la paix (à peu près comme au Brébant marseillais). On dit que nous passerons une visite médicale et que l'on partira après en Allemagne, mais pour les fils de ma race, je crois que le procédé sera autre. La Gestapo de Marseille est aussi à Avignon car le préfet de

Marseille est parti et [Simon] Sabiani dirige la ville. Dans les Basses-Alpes, il y a une armée de plusieurs milliers de réfractaires. Barcelonnette est ou était occupée. [...] Garde ta santé, les enfants auront besoin de toi – et moi peut-être aussi encore. »

Début juillet, Franz arrive à Marseille. Le 9, il parvient à faire sortir ce billet de la prison :

> *Jeanne, mon amour*
>
> *Je suis aux Baumettes (petit) depuis le 3. Moral et santé sont bons et même si l'on nous refuse des colis de la Croix-Rouge, je tiendrai bon. J'espère de tout mon cœur que tu vas bien ainsi que nos enfants. Je ne peux pas imaginer le jour où je reverrai nos enfants, surtout petit Sam[uel]. Mais je veux croire que ce jour viendra. Le dernier convoi est parti pour Dr[ancy] il y a un mois. On ne sait pas encore quand partira le prochain. Crois-moi, je suis content de mon sort, car je suis dans mon chemin. J'ai maigri, mais n'en mourrai pas. Je sais aussi que cette épreuve est la dernière – après... on verra.*

Après, c'est la déportation.

Et certainement Franz ne se fait-il plus d'illusions sur le sort auquel il est promis. Aussi son espoir d'y échapper nous paraît aujourd'hui pathétique et insensé :

Jour du départ, 1ᵉʳ août [1944], Marseille

Mon amour,

Me voilà de nouveau en route pour le bonheur ! Un [deux] mois et demi depuis mon arrestation. Le temps a passé comme rien. Oublions la misère. Je dois monter vers Drancy. Arriverai-je finalement ? Je verrai plus tard Paris – et, j'en suis sûr, un jour aussi mon petit Samuel ! Je suis « gonflé » comme on dit ; le moral est presque meilleur qu'au début. Oui, je suis toujours content ! Tout va très bien. Je l'ai dit au commencement : Tout ira bien ! Les événements se passent toujours le même jour [pour moi] : 15 mai 42 : Miramas, 15 mai 43 : Les Mées, 15 mai 44 : Gestapo, 3 août 42 : Marseille, 3 août 44 : Drancy ?

Ah, j'accepte tout, car ça m'amène vers en haut ! [...]

J'espère te revoir bientôt, mon amour. Viens dans le Nord si tu peux. Les choses les plus terribles sont encore devant nous, mais nous les surmonterons. Ni la méchanceté ni la brutalité, ni l'injustice ni la misère ne détruiront nos forces morales. Sûrs de nous-mêmes et forts par la vérité, nous verrons le jour et la lumière. Je sais que tu m'aimes, je sais que tu me comprends. Courage mon petit lapin, bientôt la vie aura une autre mélodie. Que Dieu protège et garde nos enfants pour le grand avenir qui nous attend. Allez, en avant, à travers les épreuves vers le bonheur. Je t'aime, au revoir, tout à toi.

L'ours

Depuis cinq semaines que Franz est détenu, Jeanne est demeurée impuissante. Lorsqu'elle a tenté de le voir en Avignon, elle s'est fait arrêter, amener à la prison, maltraiter, hospitaliser car elle est réellement mal en point et son bébé aussi. Il doit subir une opération, elle n'en a pas le premier sou. Les 3 000 francs envoyés par Laure Moulin en juin lui ont été volés lors de son arrestation. Heureusement, elle a l'idée de passer par Saint-Andiol où la mère de Jean

Moulin se hâte d'informer Laure de la passe tragique dans laquelle leur amie est en train de sombrer. Dès le 13 juillet, la bonne Laure réagit : « Ma chère amie, Je compatis à vos peines. J'espère que cette opération sauvera votre petit [Léonard]. Je vous envoie les 2 000 francs promis. Je ne puis vous envoyer plus pour l'instant. Vous ferez patienter le chirurgien en lui donnant un acompte. Dans quelques jours je pense pouvoir vous en envoyer autant. »

Cependant, Jeanne est déjà revenue à Peyruis avec son nouveau-né. Dans les derniers jours de juin, elle remplace la dénonciatrice au secrétariat de la mairie.

Pendant ce temps, Franz et les autres prisonniers des Petites Baumettes avaient attendu de connaître leur sort, jusqu'à ce 1er août où, sur le coup de treize heures et sous un soleil ardent, ils sont soixante-dix rassemblés dans la petite cour. Debout, subissant l'interminable appel des gardes, qui les comptent, se trompent, les recomptent, se trompent encore, recommencent encore et encore, ils ont tout le temps de dénombrer sept femmes parmi eux, deux jeunes filles, un adolescent et trente juifs. Les autres sont des résistants, ou catalogués tels. Dans les jours précédents, nombre de leurs compagnons ont été fusillés dans l'enceinte de la prison, d'autres ont été extraits des cellules sans explication et ont à jamais disparu, abattus en masse à Signes. Eux se demandent pourquoi ils ont été épargnés. A dix-huit heures, enchaînés deux par deux, sauf les femmes, ils sont enfin embarqués dans un bus. Qui s'arrête devant le 425, rue Paradis, siège de la Gestapo. On en extrait Fernande Pradon, trente ans, résistante, mal en point à la suite des mauvais traitements subis. Remontant la Canebière, les déportés ne voient pas grand-chose à travers les vitres badigeonnées en bleu du véhicule et les passants regardent, silencieux. Andrée d'Eramo, quarante et un an, arrêtée avec ses deux enfants dans le Var, songe à sa vie perdue, sans savoir que son mari a été fusillé. Arrivés à la gare Saint-Charles, les déportés constatent que d'autres y sont rassemblés sous l'œil impavide de nombreux gardes mobiles. Ils sont cependant les seuls à être enfermés dans un wagon de troisième classe. Une douzaine de soldats allemands les gardent. Ils sont bien armés, pistolets-mitrailleurs et pistolets.

Les attaquer serait suicidaire. Et le convoi s'ébranle, tiré par trois locomotives à vapeur[1]. Pourtant, il compte peu de wagons, et un seul de voyageurs forcés. Il faut seize heures pour parcourir les vingt-neuf premiers kilomètres et atteindre la gare de Rognac. La soif torture les prisonniers, la faim les tenaille. On rattache un wagon postal et l'on repart, toujours à petite vitesse, à cause des voies bombardées par les avions alliés qui préparent le débarquement du 15 août, à cause aussi des sabotages des voies ferrées par les FFI, parfois aidés par des détachements de soldats américains, les Operational Groups (OG), qui ont été parachutés dans cette région comme dans d'autres.

Le 3 août 1944, le train entre en gare du Theil (Ardèche). Le responsable local des cheminots résistants voudrait bien l'attaquer, mais il a peu d'hommes et seulement deux mitraillettes Sten. Alerté, l'état-major ardéchois des FFI envoie le

---

1. La source principale sur le périple du train est l'ouvrage, paru en 2000, de Sylvain Villard, *Chroniques ardéchoises. Parcelles d'histoire,* éd. Michel Rigaud, 07000, Coux, p. 151-181, que je remercie pour son aide précieuse. On a rassemblé d'autres témoignages parus dans la presse ou recueillis auprès d'anciens FFI locaux, dont Georges Novat.

capitaine Raoul Berger avec mission de libérer les prisonniers du train. Quand il arrive au Theil, le convoi est reparti. A vingt-deux heures, continuant sa remontée du Rhône par la rive droite, le train s'arrête en gare de Peyraud, un peu avant Le Péage-du-Roussillon. Cette petite gare présente la particularité d'avoir un aiguillage. Il permet d'envoyer les trains rejoindre la grande ligne Paris-Marseille ou de les diriger sur une autre, moins fréquentée, qui mène à Saint-Etienne *via* Annonay.

Dans leur wagon, les prisonniers ne comprennent pas pourquoi leur train repart en marche arrière. S'interrogeant à voix basse ou du regard, ils se préparent à endurer un peu plus longtemps les souffrances d'un voyage qui n'en finit pas.

Franz a retrouvé parmi les détenus son ami Claude Veil[1]. Médecin, membre du réseau de renseignement Phalanx, il a perdu son frère, Jacques, arrêté le 25 novembre 1943 et fusillé le

---

1. Mme Catherine Veil nous a généreusement et amicalement confié les pages de souvenirs écrites par son mari décédé, le psychanalyste parisien bien connu. Qu'elle en soit vivement remerciée.

11 janvier suivant. Lui-même s'est fait prendre par une patrouille le 3 juin 1944, non loin de Peyruis, à la sortie d'un maquis où il était allé se battre et dispenser ses soins. Il s'est retrouvé à la prison de Digne avec Franz, puis en Avignon, enfin aux Baumettes. Lui aussi a une carte d'identité tamponnée du « J » fatal. Il n'a pas été menotté avec Franz, mais avec un grand juif allemand, blond, au visage et au nom d'archange, Gabriel Michaeli. Claude Veil n'a pas plus le moral que ses compagnons d'infortune. Tous pensent faire leur dernier voyage. Drancy en est le but intermédiaire, mais le terme sera un camp allemand. Certes, ils ignorent comme (presque) tout le monde ce qu'il s'y passe exactement, mais ils en savent assez pour imaginer ce qu'ils croient être le pire.

Cependant, à Peyraud des maquisards ont discrètement pris le contrôle de la locomotive de tête et aiguillé le train vers Annonay. Le convoi y arrive en pleine nuit. Le chauffeur du train lâche la vapeur. Nouvel arrêt. Le chef allemand met pied à terre pour se renseigner. Il est immédiatement ceinturé et désarmé par Marcel Gérelli, le chef des assaillants. Ses hommes ont eu le temps de prendre position aux points stratégiques, appuyés par un groupe de parachutistes américains, de l'OG « Betsy ». Conduits par les lieutenants Boudreau et Leroy-Barner, ceux-là disposent d'un bazooka. Sitôt le chef allemand capturé, la fusillade éclate. Les vitres du train explosent, les prisonniers se jettent à terre. Les Allemands répliquent au jugé dans la nuit. Quand ils obligent les déportés à rester debout devant les fenêtres pour s'en faire des boucliers humains, les maquisards cessent le feu. On attendra le lever du jour pour en finir. Voyant leur sort scellé, certains gardiens pensent à se rendre et lorsque leur chef ordonne d'abattre les prisonniers un ou deux jettent leurs armes. Un seul obéit.

« A ma droite, écrira Claude Veil, un Allemand tire sur nous, dans le couloir même. Alors je cours vers la gauche, je pousse, je tire, j'arrive à la porte, je saute à terre. Devant moi, quelques ombres en uniformes de l'armée d'armistice. Je m'aperçois que j'ai à la main un pistolet-mitrailleur Mauser et qu'à mon poignet pendent deux maillons orphelins [de la chaîne des menottes]. Je me retourne. Cramponné à la main courante, levant haut son poignet droit,

Michaeli contemple sa demi-menotte. Je lui crie : "Saute !" Il tourne la tête, me montre sa main libérée et crie à son tour : "Qu'est-ce que je vais devenir, mais qu'est-ce que je vais devenir…" »

Le bazooka a détruit la locomotive de tête, puis les deux suivantes. Le feu cesse, les Allemands lèvent les mains en l'air. Ils ont trois blessés, les déportés deux morts, Jacques-Joseph Bernard, notaire à Villes-sur-Auzon (Vaucluse), et Béranger, de Marseille. Un troisième agonise, Isaac Schwartz, comptable à Toulon. Fernande Pradon est à genoux à côté de lui : « Il m'a dit, tout doucement : "Je vais mourir… mais c'est bien ainsi…" Il est resté une minute à me regarder, sans dire un mot. Ses yeux étincelaient. Puis il a ajouté : "Je n'aurais pas aimé mourir dans un de ces camps, là-bas. Dites, madame…" Et il est parti. Je suis restée un long moment auprès de lui, sans bouger. Ensuite, à mon tour, je suis descendue du train. »

Franz est indemne.

Il a eu la chance de se trouver dans le seul train de déportés jamais attaqué par la Résistance.

Il envoie aussitôt un mot à Jeanne. Sans rien dire de ce qui vient d'arriver, il donne seulement sa nouvelle adresse : « Franz Neumann, Interprète des FFI, Grande Poste, Annonay. » Le lendemain, il lui adresse une carte postale *via* une adresse relais à Marseille, celle de l'assistante sociale Jeanne Hochet : « La vie, après avoir touché la mort, commence ce matin à Annonay. Maintenant, je m'en vais vers la montagne. J'ai eu et j'aurai des expériences inconnues et inattendues. »

Comme la plupart des rescapés du train, Franz a rejoint le maquis de ses libérateurs, à Vanosc. Officiellement recruté le 5 août, il est l'interprète du service de renseignement au PC du secteur ardéchois des FFI, zone nord. Profitant de ce qu'il parle l'allemand, le chef maquisard Georges Novat lui fait écouter les communications ennemies et transmettre des faux ordres aux garnisons de la région. Le 22 août, à vingt-deux heures trente, Franz, se faisant passer pour l'*Obersturmführer* SS Schmidt, entre ainsi en relation téléphonique avec la Gestapo de Lyon. Son message s'adresse « à tous les chefs supérieurs » : « Faites préparations [*sic*] pour départ prochain. Brûlez papiers inutiles, sauvez livres de caisse et livre du personnel si possible. Faites partir déjà personnel inutile. Evitez actions dans la ville. Avons perdu beaucoup de forces dans le Sud. Gardez lignes libres pour retrait vers le Nord. Si ordres manquent, agissez de votre propre initiative. L'ennemi avance rapidement et en grand nombre dans le Sud. A transmettre à tous les postes importants. »

Mais Franz peine à retrouver Jeanne. Il a beau lui écrire à diverses adresses, rien. Depuis le débarquement du 15 août, les combats touchent la vallée du Rhône et les Alpes. Le transport du courrier est interrompu ; en revanche, celui destiné à Montpellier est acheminé. A la mi-septembre, une lettre de Franz destinée à Jeanne arrive chez Laure Moulin où deux missives de Jeanne pour Franz étaient auparavant parvenues. Mais Laure étant partie pour Paris depuis le 31 juillet dans l'espoir d'y recueillir des informations sur le sort de son frère, c'est seulement à son retour à Montpellier, le 31 octobre, qu'elle peut remettre Jeanne et Franz en relation. « De Jean [Moulin], écrit-elle à Jeanne, je sais peu de choses et c'est très alarmant. Tout ce que je puis espérer de mieux, c'est qu'il soit dans une forteresse allemande, au secret. Je rassure maman tant que je peux. Pour elle, il est retrouvé, il était à Fresnes et de là a été envoyé en Allemagne en juillet dernier. » A Franz, elle écrit le même jour : « Je vous félicite de votre libération. Vous avez eu de la chance dans votre malheur./ De mon frère, depuis son arrestation, le 21 juin 43, je n'ai jamais eu le moindre signe de vie. Le reverrons-nous un jour, et dans quel état ? »

A peine se sont-ils retrouvés que Jeanne et Franz se séparent à nouveau. Démobilisé des FFI le 17 octobre, il s'installe à Lyon et s'engage dans le mouvement sioniste tandis qu'elle circule frénétiquement entre la Somme, où son premier soin est de récupérer son petit Samuel, l'Ardèche, Marseille, Peyruis, Paris. En janvier 1945, Franz envisage de plus en plus d'émigrer en Palestine, alors sous mandat britannique et, peu à peu, elle y consent. En juillet 1945, toute la famille part en bateau. Direction, la « Terre promise ».

Aussitôt arrivée dans une contrée dont elle ignore tout et dont elle ne parle aucune des langues en usage, Jeanne se débat entre la difficulté de gagner sa vie pour nourrir ses deux bébés et celles dues à la contestation du mandat britannique par les organisations sionistes. Les Britanniques, note-t-elle, font des rafles et pendent, c'est la « lutte des conquérants contre la colonie. Les juifs, alors, ont organisé des formations de terroristes et, tout comme ici [en France] pendant la guerre, il y en avait plusieurs et la guérilla était ouverte. Des mines, des assassinats, et tout ce que vous connaissez de ce genre de guerre. Nulle part on n'était en sécurité. Pour ma part, quatre groupes de terroristes sont venus m'arrêter à quatre reprises différentes, mais ma qualité de Française leur restait sacrée et ils me laissaient tranquille, non sans maugréer. Une fois même, mon mari, lui juif mais connu pour ses sentiments chrétiens, fut enlevé, bâillonné, puis relâché après une sérieuse perquisition du domicile. Ils avaient trouvé une carte de membre de l'Armée secrète française. Mais il fut relâché avec les honneurs dus à la France ».

Dès la fin de 1947, le couple bat de l'aile. La dureté de la vie, le choc de deux caractères entiers, surtout les divergences sur l'éducation à donner aux enfants (hébraïque, exige Franz), les éloignent l'un de l'autre. Il ordonne à son

épouse, toujours aussi rebelle à toute autorité :
« Je veux que tu sois ma femme et mon
disciple. »

La création par un vote de l'ONU de l'Etat
d'Israël et la guerre qui s'ensuit n'arrangent
rien. Dans ses lettres à Laure et Antoinette en
1950, Jeanne laisse discrètement percer sa
nostalgie et leur résume ce qu'elle a fait pendant
toutes ces années où elle les a laissées sans
nouvelles [1]. « J'ai passé deux ans sur la côte, à
Nahariya, village de juifs allemands, puis je suis
allée à Jérusalem, où j'ai encore passé deux ans
(y compris la guerre et le siège). Depuis un an
et demi je suis dans l'armée d'Israël comme officier du service de santé. » Elle fanfaronne un
peu en disant qu'Israël vaincra parce qu'elle sert
dans ses rangs et milite auprès de ses deux
amies en faveur du droit du nouvel Etat à
faire de Jérusalem sa capitale : « Israël n'est-il
pas aussi capable que les Turcs de garder les
lieux saints de l'humanité ? Est-ce pour de

---

1. Laure, écrivant à Antoinette le 19 janvier 1950,
indique avoir reçu une longue lettre de Jeanne, après cinq
années de silence : « Peut-être, sans vouloir bien l'avouer,
a-t-elle la nostalgie de la France. Il y avait une enveloppe pour
vous que je vous ai expédiée. »

vieilles pierres que l'on referait couler le sang ? Quelques vieux marchands de canons ont-ils encore besoin de s'enrichir ? » A Lili Manhès, elle parle de son problème conjugal. « Nous ne pouvons pas vivre ensemble pour mille raisons. Tout d'abord, la misère matérielle qui nous a surpris l'un et l'autre, puis nos caractères si différents. Alors nous nous sommes séparés, ce qui nous a semblé le plus raisonnable. Il est à Jérusalem où il travaille dans un organisme du Fonds national, affaire pacifique qui collecte l'argent pour l'achat de terres et de toutes sortes de choses, et moi dans l'armée ! Maintenant, je ne suis plus bonne à rien d'autre, ma chère Lili. »

En 1950, elle décide de rentrer en France avec Léonard, son second fils, le premier, Samuel, restant avec son père en Israël. Le 29 août, à Jérusalem, le « consulat de France en Palestine » lui délivre un passeport. Le 6 décembre suivant, elle débarque à Marseille avec son petit garçon.

Courageusement, Jeanne reprend son métier, d'abord à Melun, ensuite dans la Somme, et ailleurs encore. Se heurtant à la médiocrité et au conformisme de ses chefs, elle les envoie paître et redevient simple infirmière libérale, notamment en Savoie. Mais la vie est dure, le revenu maigre, et la santé mauvaise. Le diabète lui fait des misères, l'accable de troubles cardiaques, oblige à l'hospitaliser. Laure Moulin envoie des mandats, Mme Heuzé lui rend visite à l'hôpital de Décines, près de Lyon. Revenue à Paris, où elle loge rue Bonaparte (VIe), elle a la joie de voir son fils Léonard bien mener sa barque, se marier, la faire grand-mère, et celle de revoir son mari, qui travaille dans les services touristiques israéliens à l'étranger. Il s'éteindra dans sa Vienne natale, en 1976. Elle l'avait précédé de cinq ans.

En 1971, transportée à l'hôpital Henri-Mondor, à Créteil, elle y était décédée le 14 décembre, avant d'être inhumée dans la XIVe division du cimetière de la même ville, le 20.

Ses derniers mots ?

« Riez sans cesse. »

Janvier 1999-novembre 2010

DU MÊME AUTEUR (suite)

Filmographie (extraits)

Fiction cinéma (scénarios et dialogues) :
Le Grand Soir, réalisé par Francis Reusser, Léopard
  d'or au festival de Locarno, 1976.
L'Air du crime, réalisé par Alain Klarer, 1983.
Derborence, d'après C. F. Ramuz, réalisé par Francis
  Reusser, sélection officielle, Cannes, 1986.
L'Inondation, d'après E. Zamiatine, réalisé par Igor
  Minaïev, 1992.

Fiction télévisée (scénarios et dialogues) :
La Victoire des ténèbres, d'après Léonid Andréïev, réalisé
  à Saint-Pétersbourg par Igor Maslennikov, 1992.
La Clef, d'après Mark Aldanov, réalisé à Saint-Péters-
  bourg par Pavel Tchoukraï, 1992.
Le Tchékiste, d'après Vladimir Zazoubrine, réalisé à
  Saint-Pétersbourg par Alexandre Rogochkine, 1992.
Au bord de l'Yrtich, d'après Serguéï Zalyguine, réalisé en
  Russie par Viatcheslav Sorokine, 1992.
Le Manuscrit, d'après *La Plongée*, de Lydia Tchoukov-
  skaïa, réalisé en Russie par Alexandre Mouratov,
  1992.

www.ingramcontent.com/pod-product-compliance
Lightning Source LLC
LaVergne TN
LVHW051236060726
842526LV00013B/2955